家族全員で暮らす 春日部の4DKに 一家心中があった

鉄人文庫

まえがき

本書は月刊「裏モノJAPAN」の連載「幽霊物件に住む　豊島マンション205号室」「春日部コート508号室」を一冊にまとめたものである。文字どおり、事故物件に住んだら何が起きるのか、を体を張ってレポートする実験企画だ。

振り返れば連載開始前は、たくさんの不動産屋を回り、「幽霊物件」を探しまくった。本当にそんな部屋なんてあるのかね、と半信半疑なオレだったが、間もなく「入居者4人が連続して夜中にうなされ退去したマンション」（原因不明）が見つかった。

条件も悪くなかった。JR池袋駅から徒歩圏内、1Rで家賃は4万円台と、相場よりも2、3万円は安いのだ。何これ、めちゃめちゃ美味しいじゃん！　仕事なので家賃は半額、会社で負担してもらう約束になっているし、こんなにうまい話、なかなかないぞ！

一人暮らし初体験だったオレは、「楽しくなりそうな毎日」に心を躍らせていた。なんせ、霊だのなんだのに懐疑的すぎるほど懐疑的なタチなので、「どうせ何も起こらないだろう」とタカをくくっていたのだ。

果たして、豊島マンション205号室は、そんな甘ちゃんスタンスのオレを、恐怖のどん底に突き落とした。

豊島マンションに引っ越した初日、荷物を運び入れようと車で向かったところ、なぜか現地近くになるとカーナビが上手く作動しなくなった。機械が壊れたわけでも、電波が届かなかったわけでもないのに、だ。何なんだ、これは！

続けて、深夜の2時にもかかわらず、拍子木《ひょうしぎ》の音（火の用心、と連呼しながら打ち付けられるあの棒）が聞こえてきたのだ。外には誰もいないのに、いったいなぜ……。こんなにナチュラルにオカシなことが起こるなんて！

それでも霊を信じないオレだったが、1年6カ月後に豊島マンションを引っ越し、新たに「春日部コート508号室」（一家心中があった4DK）に移り住むと、恐怖はさらに加速した。あろうことか、家族の身に「不幸」が及ぶようになったのだ。

実はオレは豊島マンションに住みながら結婚し、新しい家族ができていた。つまりその家族と一緒に、新たな事故物件に引っ越したのである。しかも、家族には事故物件であることを秘密にしていたのだから我ながら正気の沙汰とは思えない。

家族は少しずつ壊れていった。隠されていた膿が噴出するように、数々の不幸が舞い降りてきたのだ。霊などいない。これらは全て偶然だ。オレは自分にそう言い聞かせようとしたのだが……。

本書には、心霊現象の検証の他に、我が家族の極めて私的なエピソードが含まれている。客観的に見ればその多くが心霊とは無関係とも言えるのだが、実際に二つの事故物件に住んだオレだけは、部屋の不気味なチカラが影響したゆえの事象だと捉えている。

ぜひ最後まで読んでいただきたい。

一家心中があった春日部の4DKに家族全員で暮らす

もくじ

第二章 春日部コート508号室

建部家の一族

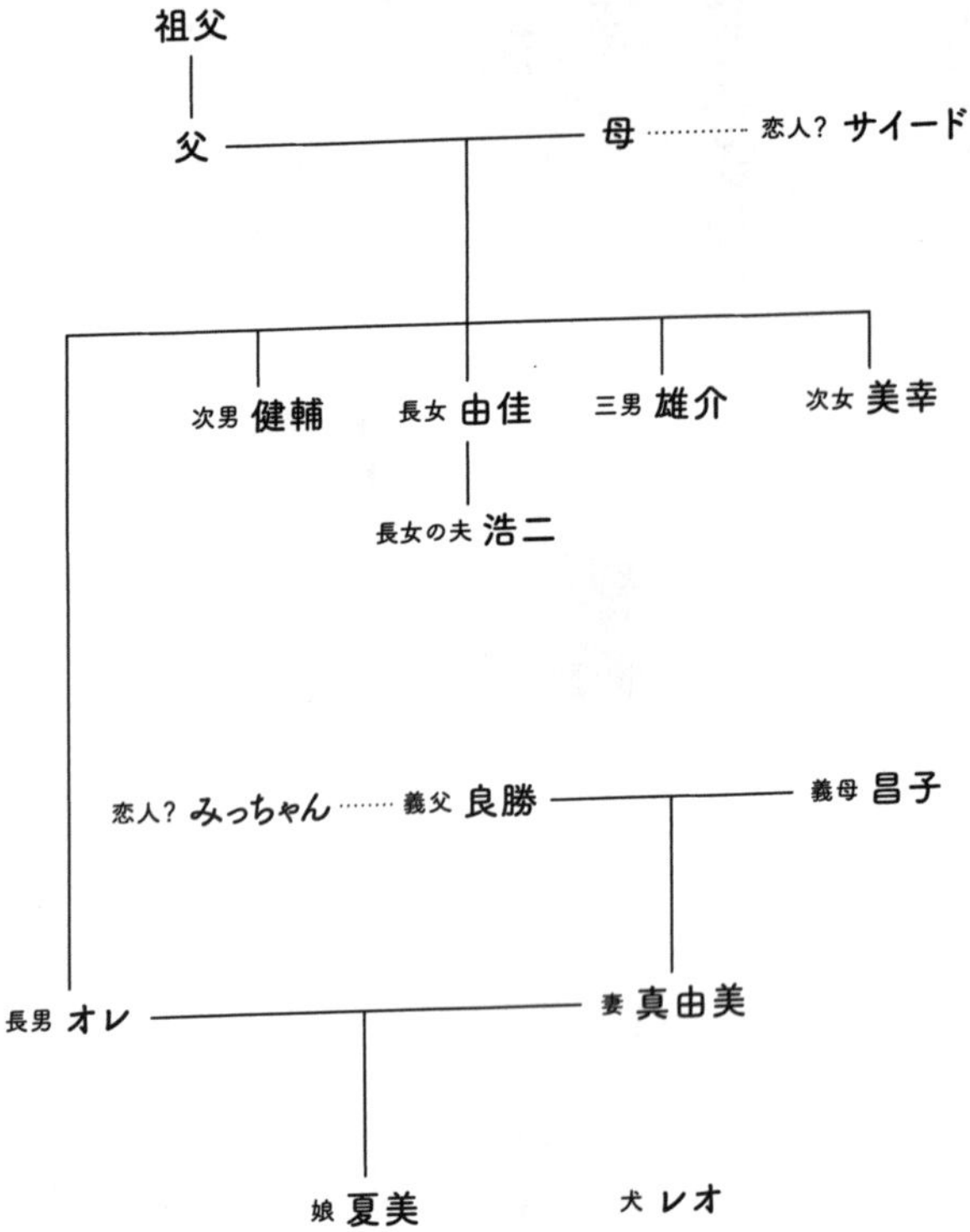

祖父
父
母
恋人? サイード
次男 健輔
長女 由佳
三男 雄介
次女 美幸
長女の夫 浩二
恋人? みっちゃん
義父 良勝
義母 昌子
長男 オレ
妻 真由美
娘 夏美
犬 レオ

第一章 豊島マンション205号室

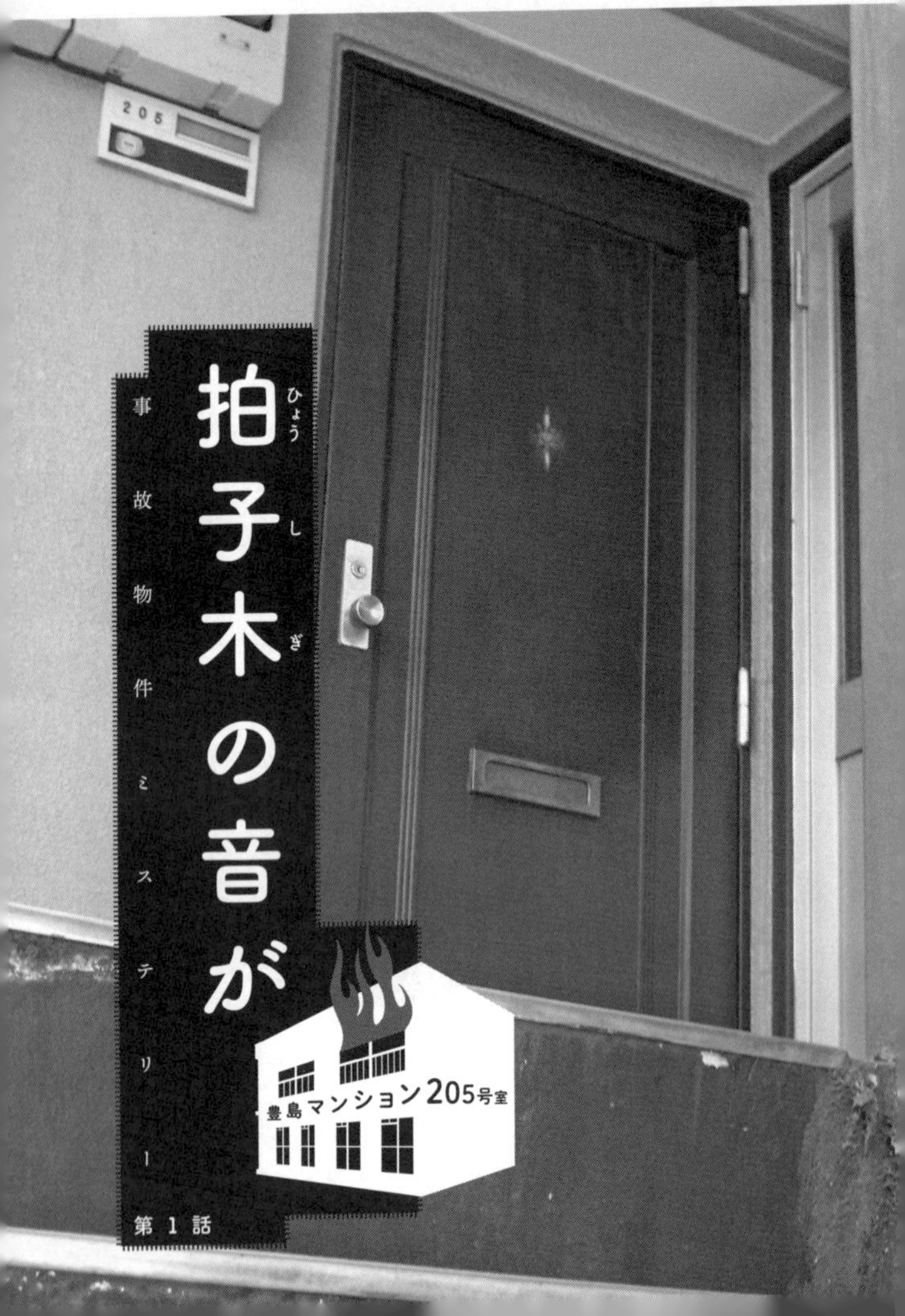

事故物件ミステリー 第1話

拍《ひょう》子《し》木《ぎ》の音が

豊島マンション205号室

「お前、怖いもんは別にないって言ってたな」

そもそもは2008年末、鉄人社の入社試験のときから始まっていたようだ。

その日、大学中退のヤツなんかが受かるはずないと半ばあきらめつつ面接に訪れたオレに、編集長・佐藤が聞いてきた。

「ところでどうでもいいんだけどさ、キミは何か怖いもんってある？」

何が聞きたいのかよくわからなかったオレは、「別にないっすね」と即答した。

後で聞けば、そのとき最終候補として残っていた人間がもう1人いたらしい。慶応卒の彼は、経歴も人となりも申し分ない、まさにエリートと呼べる逸材だったが、先の質問には「わりと怖がりのほうです」と答えたそうだ。

採用されたのはオレのほうだった。むろん、どこをどう評価されたのか、その時点のオレは知らない。

ようやく面接の意図がわかったのは、入社後の企画会議のときだ。

「お前、怖いもんは別にないって言ってたな」

「はい」

「んじゃ、ちょいと幽霊マンションに住んで、何が起きるか連載しろよ」

うなずかないわけにはいかなかった。ここで拒否れば、オレは面接で虚偽の返答をしたことになる。逆に言えば、いま拒めなくするために、佐藤は面接でそれとなく質問してきたのだ。

ただこの提案、オレにとっては渡りに舟でもあった。埼玉の実家から通勤するのは少々億劫だと思っていたのだ。それにオレは幽霊とかオカルトの類はいっさい信じないタチだから、正直そんなに怖くもない。

二つ返事で了承し、すぐに幽霊物件探しが始まった。

4人連続でうなされてすぐに退去した

都内の不動産屋をめぐること数軒、それらしき物件は3部屋だけ見つかった。

①若者がウツ病になって自殺したマンション（武蔵小金井）

②女性2人が立て続けに洗面所で手首を切って自殺したマンション（豊島区・千川）

③入居者が4人連続で夜中にうなされ退去したマンション（豊島区・要町）

さて、どこに住むべきなのだろう。エピソードだけなら②がエグイのだが、自殺があったからといって、この後オレが住んだときに怪奇現象が起きるとは限らない。①然りだ。

となると残るは③。この物件に関して不動産屋は、

「自殺などの事実はないですよ。ただ、入居した皆さんが言われるのは、うなされて寝れないとのことです」

と言うのみだ。

原因はわからないが、何故かうなされる部屋。ちょっとおもしろいかもしれない。ひとまず内見に向かうとしよう。

有楽町線・要町駅から徒歩4分の場所に、その物件「豊島マンション（仮名）」はあった。

外観は至って普通のマンションだが、今回見にきた205号室だけが相場より2、3万円ほど安い4万円台となっている。言うまでもない、入居者が決まらないためだ。

カンカンと鉄製の外階段を上り、いざ部屋に。流しとユニットバスの付いた、5畳程度のワンルームだ。リフ

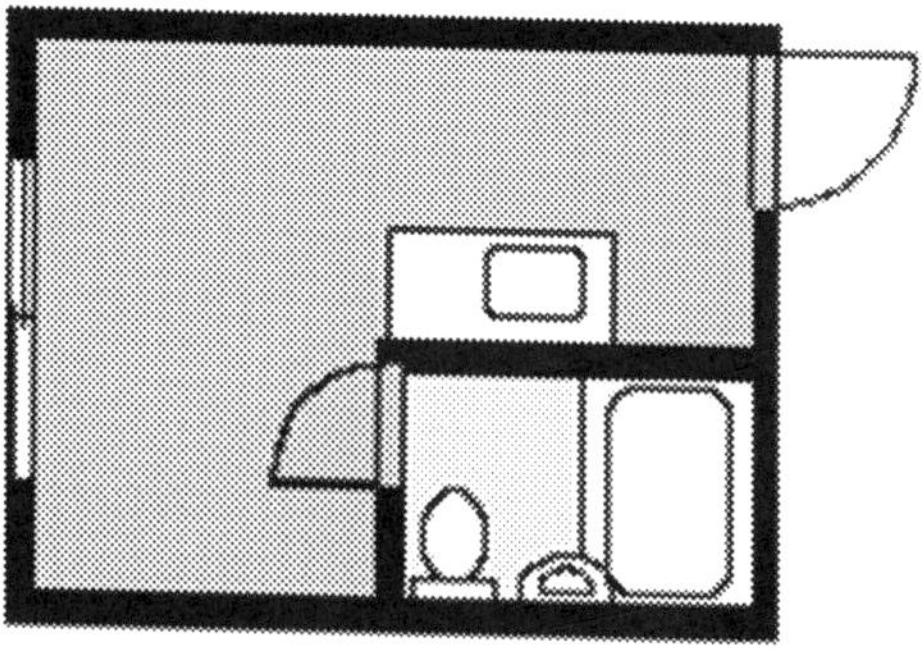

ここがオレの新居です

ォームを終えた壁は真っ白で、窓は南向き。清潔感にあふれている。

窓の外は静かな住宅街で、スズメの鳴き声がするだけだ。不動産屋も、近くにうるさい住人がいるわけではないと説明する。

(この部屋にしよっかな。ちゃんと眠れそうだし)

カーナビが壊れ、電気カバーが割れていた

晴れて契約を交わしたオレは、引っ越しの日を迎えた。

友人に車を出してもらい、実家で荷物を積んでレッツゴー。豊島区に入って池袋を通過すれば、そろそろ要町だ。

しかし間もなくマンション付近というところで、友人が変なことを言いだした。

「あれ？　おかしいなぁ」

なになに？　どうしたの？

「ナビが…」

「え？」

「狂っちゃってるのかな？　さっきのとこ右に曲がったはずなのに」

助手席からナビの音量を上げると、無機質な声が何度も同じ文句を繰り返している。

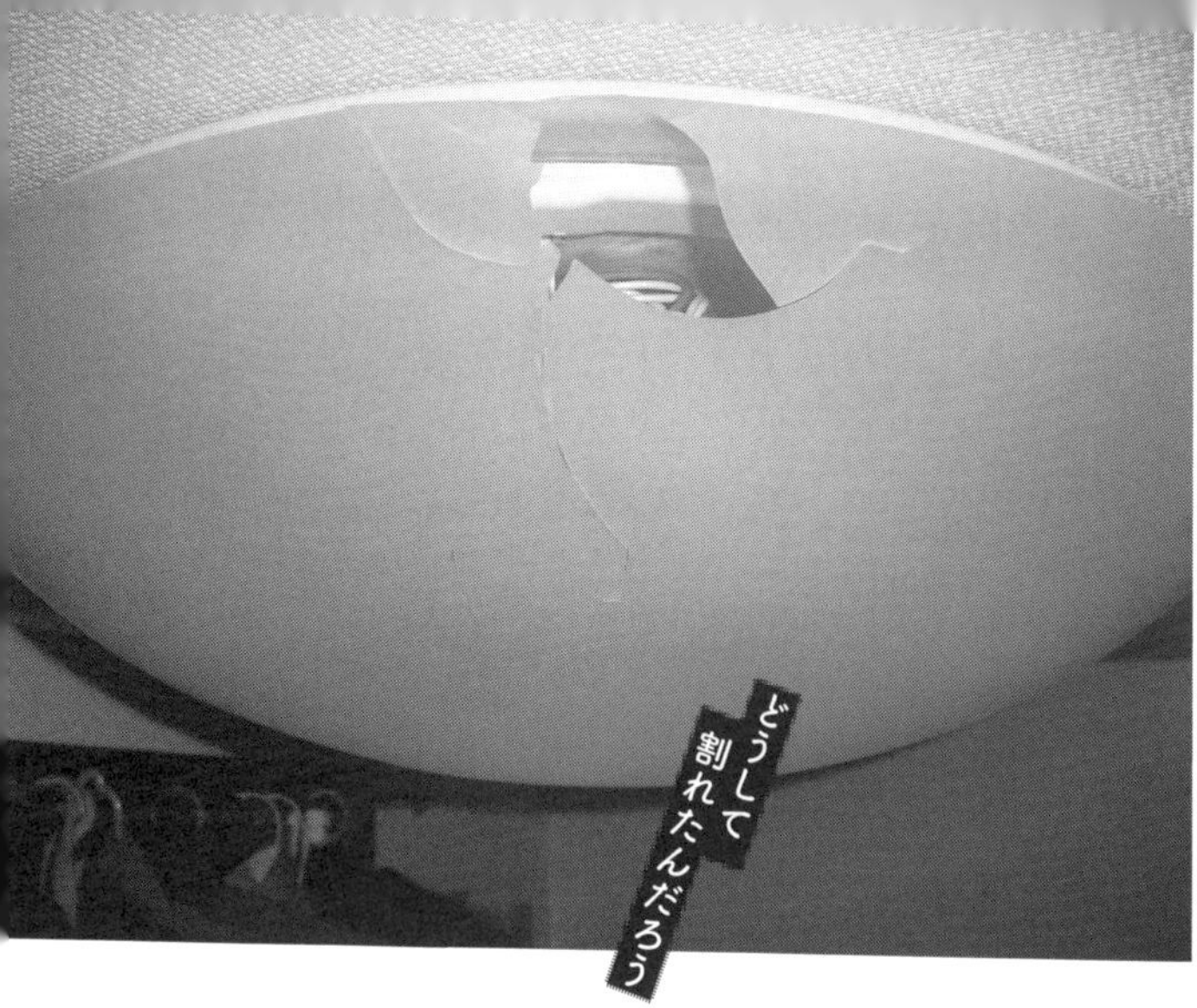

『ルートを外れました。ルートを外れました』

入力した通りに走っているはずなのに。

「こんなこと今までなかったんだけどね」

試しにいったん要町を出ると、ナビは正常に作動した。

「やっぱりマンション付近がダメみたいだな。とにかく向かおうか」

なんとかマンションに到着し、荷物をそそくさと運び入れ終えたころには外が暗くなってきた。電気を点けようか。

ん？　おいおい、蛍光灯のカバーが割れてるじゃねーか！

「内装業者がやっちゃったんじゃない？」

友人はそう言うが、この部屋、オレが内見にくる数日前に、内装工事や清掃はすべて終わっていた。しかも内見当日に契約する旨を伝えたので、それ以降の侵入者がいるはずない。

念のためその場で管理会社に電話をしたが、

やはりオレの後には誰も立ち入っていないという。荷物をぶつけたのかな。

深夜2時なのに拍子木の音が

引っ越し疲れのため、少し早いが、22時ごろ床についた。

ここは皆がうなされて出ていくんだよな。てことはこれからオレもうなされちゃうのかな。んなワケねーけどさ。

そんなコトを考えていると、急に背中に痛みが走った。ずっしりじわじわと重い痛みだ。重い荷物を運んだせいだろう。こんなことを霊現象にすれば、世界中あちこち霊だらけになってしまう。ふぁ〜、寝よ寝よ。

夜中にふと目が覚めた。聞きなれた音が鳴っている。

カン、カン、カン…

オレの地元、埼玉ではこの時期に毎夜聞こえてくる、拍子木の音だ。〝火の用心〟のかけ声とともに、有志のおっちゃんたちが練り歩くアレだ。

あ、でもここ地元じゃないんだっけ。都内でもこんな古臭いことやってんだな。

何気なく時計を見ると、深夜2時を回っていた。…2時？　こんな時間にあいつらが歩いてるワケねーだろ!!

しかし確かに音は聞こえる。それもわりと大きめの音で。

窓を開けて外を見た。誰もいない。そして音もいつの間にか消えている。

さすがにビビったオレは頭から布団をかぶり、テレビをつけて気をまぎらわせながら朝を待った。

拍子木の音に思わず
窓を開けたが
誰もいなかった

豊島マンション205号室

第2話

4人は何故ウツになったのか

事故物件ミステリー

真上の305号室には水商売風の女

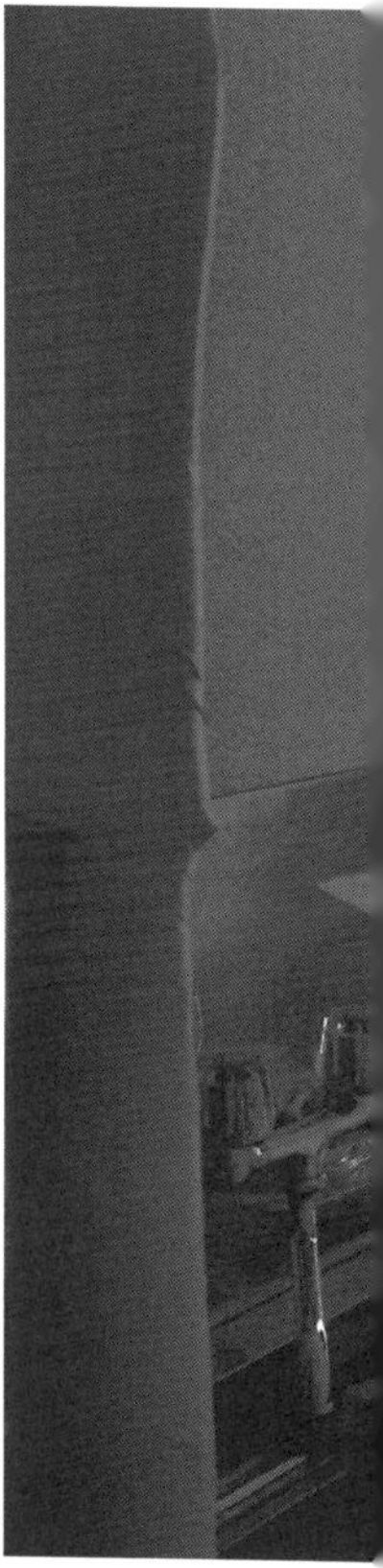

不思議な夜が、ようやく明けた。いつの間にか眠ってしまったようだ。

それにしてもあの拍子木の音はなんだったんだろう。幽霊マンションという暗示にかかったオレの幻聴？　そんなにヤワじゃないはずなんだけどな。

引っ越しの翌日は休みをもらっていたので、他の部屋にどんな住人が住んでいるのか挨拶がてら調査することにした。ついでに昨夜のアノ音についても聞いてみよう。事情を知ってる人もいるはずだ。

豊島マンションは3階建て全21室からなり、オレの部屋は2階の端に位置する。とりあえず隣から行ってみるか。

２０６号室の鉄扉をノックするとガサゴソと音を立てながら、さえない風体の兄ちゃんが出てきた。

「昨日越してきました建部です。ご挨拶に参りました。ヨロシクお願いします」

「ああ…」

平日の昼間だというのに寝てたのだろうか。兄ちゃんは眠そうな目をこすりながら、すぐに扉を閉めようとする。

「あ、ちょっと！　昨日の夜中、なんか変な音とか聞こえなかったですか？　僕そのせいで寝れなくて」

「…いや、聞こえなかったよ」

そそくさと扉を閉める兄ちゃん。無愛想な男だ。

2階の他の部屋は、お勤めなのか、どこも応答がない。では3階に行こう。まずはオレの部屋の真上、３０５号室だ。

ドアをノックする。出てきたのは若い女性だ。

「あ、昨日越してきた人ですか？　わざわざすいませんね〜」

　よく見ると、キャバ嬢風の可愛らしい子だ。うれしい。

「これからヨロシクお願いします。ところで、昨日の夜中にヘンな音しなかったですか？」

「変な音？」

「そう。なんか拍子木を叩く音みたいな」

「ん〜。アタシは仕事で家にいなかったんでよくわからないですね」

　そうか。てか深夜に仕事って、やっぱり水商売関係なのね。

「でもなんか怖いですねぇ。オバケが出るんじゃないですか〜」

「え、そんな話、聞いたことあるんですか!?」

「ナイですよ。脅かしてみただけです（笑）」

　なんだか仲良くなれそうだ。

　すべての部屋を訪れ、おおよその住人構成がわかった。21室中入居しているのがおそらく13

グーグルストリートビューで見た豊島マンション

先月はなかったのに、いつしか
205号室の上に光のラインが横切るように

室（確認がとれなかった部屋もあるのでもっと多いかもしれない）。半分が近くの大学の学生で、もう半分が勤め人のようだ。女性は305号室だけだ。

それぞれの部屋で〝アノ音〟について聞いてみたが、聞こえなかったただの出かけてただのと、オレのほしかった答えは、一つももらえなかった。こうなると幻聴だった可能性が非常に高くなる。

二日目の夜、外の様子に注意しながら布団に潜った。例の音は聞こえてこない。やっぱり昨日は引っ越し疲れでおかしくなってただけなのか。

気が滅入ってしまったようなコトらしいんだけど

それにしても、この部屋を退去した4人には何が起きたのだろう。4人連続でうなされるなんてどう考えても異常だ。管理会社に電話して、あらためて当時の状況を教えてもらおう。

「もしもし、205号室に入居した建部です。ちょっと聞きたいことがあるのですが」

「ハイハイ。どうしました？」

「僕が入居する前の話なんですけど、4人が短期間で退去していったとか…」

「そうなんですよ。なんか皆さん口をそろえて寝れないとか言っててねぇ」

「原因とかはあるんですか？」

「それがよくわからないんだよね。なんだか気が滅入ってしまったようなコトらしいんだけども」

「気が滅入る？　ウツ病みたいな感じなんですかね」

「う〜ん。そういうことになるのかな。よくわからないね」

それ以上は〝わからない〟の一点張りだった。もう騒ぎたてるなってことか。

ここらでちょっと話を変えてみよう。

「そういえば205号室のポストだけがなぜか無くなっているんですけど、なぜなんですか？」

豊島マンションは1Fに集合ポストが設置されている。しかしどういうわけだか、オレの部屋205号室のポストだけ扉が破壊され使用できなくなっているのだ。

「あのポストね〜。1ヵ月前くらいから

202
203
204
204
206
207
301
よりによってここだけ壊されるなんて

ああなってるんだよ。誰かがイタズラしたみたいだね～」

「前に住んでた人は使ってなかったんですか？」

「前の人のときはちゃんとしてたハズだけど。出て行ってすぐ壊れちゃってね」

結局わかったことといえば、

【4人連続で〝ウツ〟状態になり退去した】

【ひと月前までは入居者がいた】

【ポストが壊れたのはその人の退去の後】

ぐらいか。もう少し具体的に知りたいところだが。

天井から聞こえるすりこぎの音

入居7日目、仕事から帰ったオレは、近くで買った弁当を手に、部屋の鍵を開けた。

もう新居にもだいぶん慣れてきた。仕事が忙しいせいかグッタリ疲れ、寝つきもいい。拍子木は聞こえないし、うなされることもない。フツーの快適一人暮らしだ。

弁当を食べた後、風呂に入りパソコンの電源を立ち上げる。

仕事の資料を作るためだ。

机の上の時計がカチカチと無機質に時を刻んでいる。深夜1時。ああ、眠い。これはダメだ。頭が回らない。タバコでも買いにいくか。

外は静まりかえっていた。近辺は住宅街で、夜中になるとほとんど音がしないのだ。やっぱ拍子木の音なんてありえないのかなぁ。

なんてことを考えながら部屋に帰ると、すぐに異変に気づいた。ゴーゴーという音が響いているのだ。パソコンのファン？　ぜんぜん違う。電源を切っても音は止まない。どこで鳴ってるんだ？

部屋の電気を消し、よく耳を澄まして聞いてみる。

ギーコギーコギーコ…

なにかをすりこぎですりおろしているような鈍い音だ。なんだよコレ。

音の出所はどこだ。ん？　天井？　まさか、上の部屋に住むあの女か。

音はとめどなく、ゆっくりと続く。なにか大きく、固い物体を長時間かけてすりおろしているかのような音が。

どうしよう。オレはちょっとビビった。上の女は水商売だか何かで、この時間はいつも不在のはずなのだ。でも明らかに音は上から聞こえてくるし。

意を決したオレは、部屋を出て、足音をたてないように階段をのぼり、夜中の冷たい空気が

305号室の灯りは消えていた

張りつめる305号室の前に立った。

ゆっくりとドアに耳をつけ、聞き耳をたてる。何も鳴っていない。

ならば裏にまわって窓を確認しよう。せめて電気がついていれば安心だし。

……………真っ暗だ。305号室の灯りは消えている。彼女はいるのかいないのか。でもさすがにこの時間に訪ねるのは非常識だろう。

自室に戻ると、すりこぎ音は止んでいた。またた。正体を探ろうとすると、いつも音は消えてしまう。


翌日の昼間、305号室を訪ねた。

「こんにちは、どうしたんですか」

「いや、あの、昨晩って部屋にいらっしゃいました？」

いたならば、あれは電マオナニーの音だと結論づけ、ひっそり興奮してやろうと思っていた。

「いえ、今朝帰ってきましたけど。どうかしました？」

「いえ、別に何もないです。すみません」

背筋が震えた。そして同時にオレは、ウツ病になった4人のことを想像した。彼らも同じように深夜に不思議な音を次々と耳にし、その正体がわからないがためにノイローゼになったのではないか。

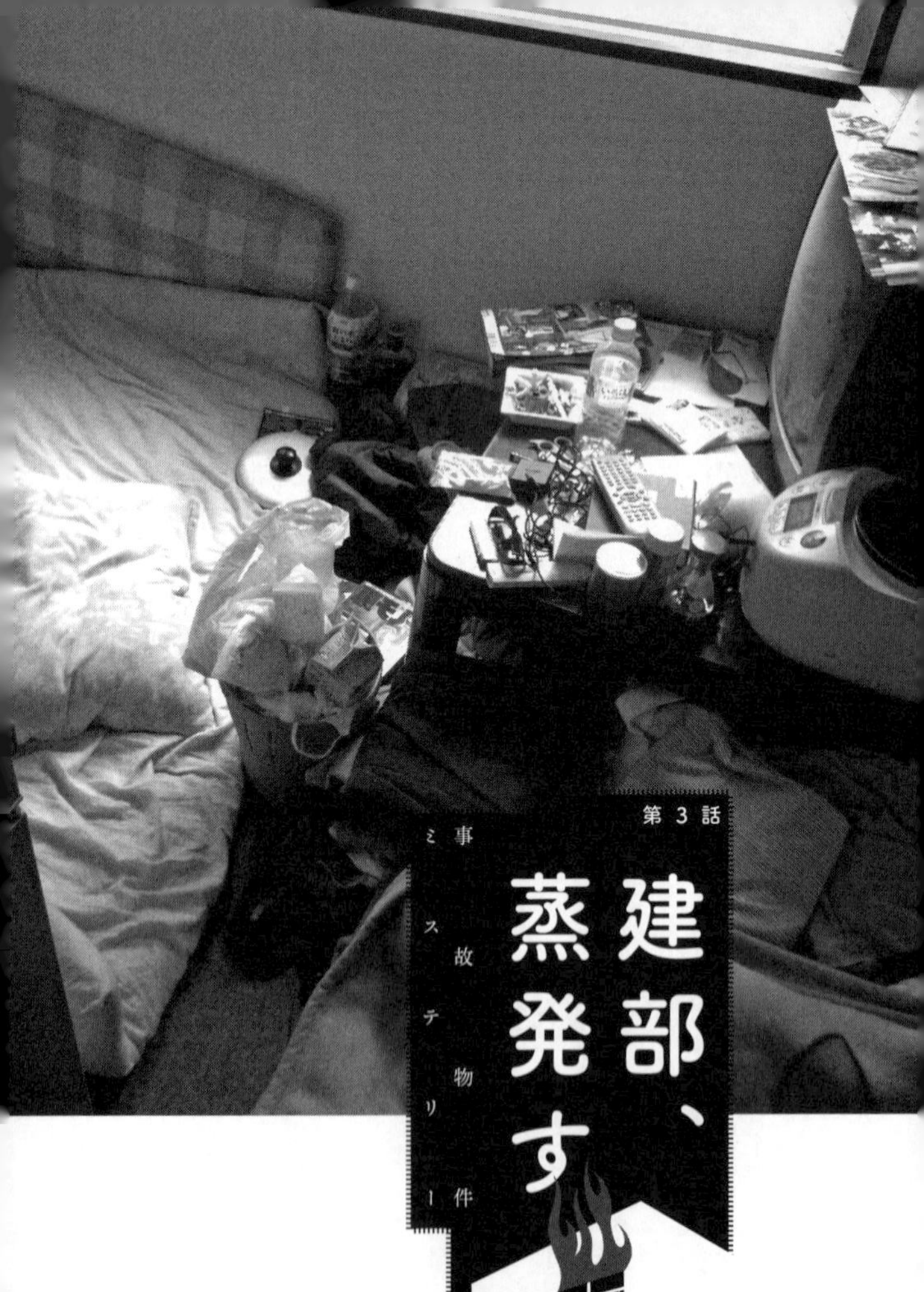

第3話

建部、蒸発す

事故物件ミステリー

豊島マンション205号室

今月、おそらくや来月以降も、本連載はマンション居住者の建部に代わり、私、編集長の佐藤が担当する。

これから記す事柄は、ゆとり世代の新入社員を抱える企業ならどこにでも起きている些末な出来事なのかもしれない。そしてほとんどの場合、公には発表されず、恥ずべき失態として内内に処理されるのだろう。それが会社組織というものだと思う。

にもかかわらず、あえて以下にすべてをさらけ出す理由はただひとつ、本事件の主人公がオカルト連載の担当者だからに他ならない。過去の住人4人が連続でウツ病にかかった部屋に住む男が、突如ナゾめいた行動を起こした。その事実はある種の深読みを誘うのでは、つまりは連載の主旨に沿うのではと判断したのだ。

単刀直入に言おう。建部博は蒸発した。

真っ当な生活を望んだとしても無理はない

やや扇情的過ぎたかもしれない。早い話が、建部は姿をくらましたのである。2009年6月16日現在の時点で、失踪からすでに半月が経過中だ。

時系列に沿って経緯を説明しよう。

私が最後に彼の声を聞いたのは、6月1日、月曜日の朝10時半に会社にかかってきた電話でだった。

「病院に行くので遅れます。昼の1時半には会社に着きます」

病名などは聞かず、よくあることとして私は受話器を置いた。ウチの人間は、ただの二日酔いだったとしてもしょっちゅう仮病を使って遅刻するのである。

しかし1時半どころか夕方になっても建部は現れなかった。会社に一報を入れたことで安心し、熟睡してしまったのか。トンマな野郎だ。

翌火曜日。今度はいっさいの連絡なく、ヤツは仕事を休んだ。携帯に電話しても着信音数回の後に留守電へ転送される。

「何やってんじゃ。連絡ぐらいしてこい」

語気を荒げてメッセージを残すも、リターンはなかった。

水曜日。3日連続の欠勤が確定した。

普通の上司なら、最後のことば『病院に行く』を真に受けて容態を案ずるのかもしれないが、そのセンはないと私は踏んでいた。仮に急な大病を患ったのだとしても電話の一本ぐらいよこせるはずだ。

となれば、会社に嫌気がさして逃げたのだろうか。愛読者の方ならおわかりのように、入社するやＥＸＩＬＥに似せるため丸坊主を強要され、先月はマカオで20万円負けてスッカラカンになった男である【註・どちらも建部担当記事の企画】。真っ当な生活を望んだとしても無理はない。

今回の状況は奇妙に符号する

埼玉の実家に電話をかけると、お母さんはうろたえていた。

「私も連絡が取れないんですよ」

先週金曜の夜にカレーを食べに戻ったのを最後に、電話がつながらないのだと言う。

「昨日の夜は、どこにいるか知りませんかって中学時代のお友達も訪ねてきたんです」

不可解である。会社から逃げたのならば、家族や友人から隠れる必要はない。

不安がよぎった。トラブルに巻き込まれたのだろうか。たとえば逮捕、たとえば事故。あるいは拉致。しかし前者ならば家族ぐらいにはなにかしらの連絡はあって然るべきだし、後者はあまりに非現実的すぎる。他に考えられることは…。

ふと編集部の藤塚がもらした。

「友達にウツ病のヤツがいたんですけど、そいつと同じですね」

その友達とやら、急にウツ病になるや、誰とも連絡を取らず漫画喫茶やサウナを転々としていたのだそうだ。この病気には部屋にこっそりこもるだけのイメージがあるが、他者との関係を積極的に断つという特徴もあるようだ。

初めて私は本連載のことを思い出した。建部が住むのは、過去4人の住人が次々とウツ病になった豊島マンション205号室である。今回の状況は奇妙に符合するではないか。

どこかで充電し、なんとか生きている

さすがにこのまま放置しておくのもマズかろうと、木曜日の午後、彼の部屋を訪れることにした。

豊島マンションは、池袋にほど近い住宅街の、細い路地が入り組んだ先にあった。先月号（25ページ参照）での報告どおり、205号室の郵便受けにだけ扉がない。郵便物はなく、ポスティングチラシだけが置いてある。

階段を上りきると、目の前に205号室の表札が。ドアをノックするも返事はない。

管理会社から預かった合い鍵を使い、重たいドアを開ける。もし異臭でもすれば…。恐ろしい想像が頭をよぎったが、幸いと言うべきか本人の姿はなかった。

　敷きっぱなしの布団。洗濯物の山。流しには食器が放置されたままだ。炊飯器にこびりついた米はカピカピで、最後の自炊から相当時間が経っていると思われる。

　何か手がかりはないだろうかと、ちゃぶ台やゴミ箱をあさる。出てくるのはジュースのパックや丸めたティッシュばかりだ。この手の失踪劇にありがちな借金の痕跡も見つからない。

　今はたまたま留守なだけで、夜になれば戻ってくるのかも。そんな微かな期待は、携帯の充電器がどこにも見当たらないことでほぼ消えた。どうやら夢遊病者のようにふらりと消えたのではなく、自

郵便物がないということは
取りに戻ったのだろうか
303
307

食うに食えず
ホームレスと化した可能性も…

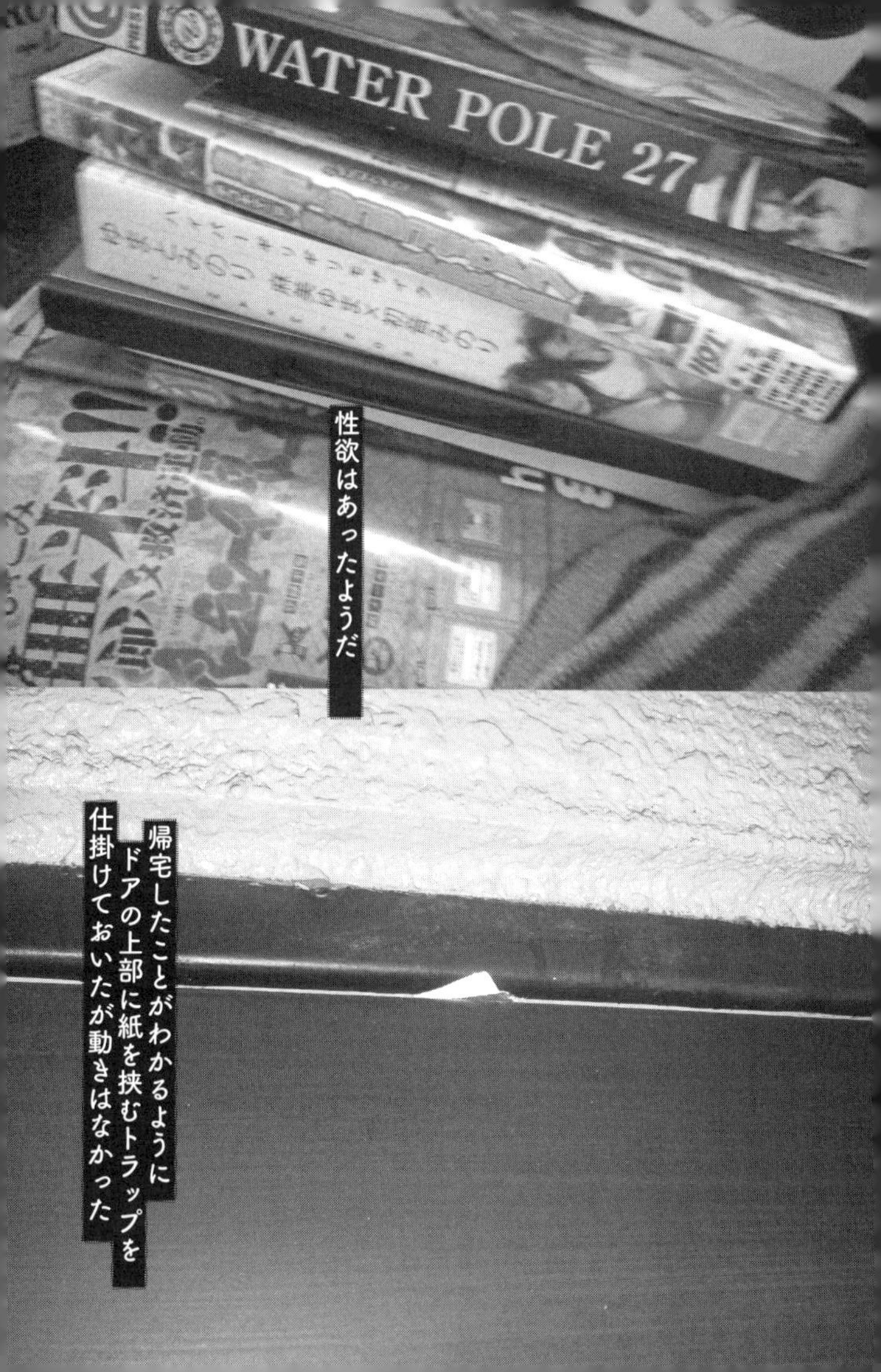

性欲はあったようだ

帰宅したことがわかるように
ドアの上部に紙を挟むトラップを
仕掛けておいたが動きはなかった

らの意志による〝逃亡〟ととらえねばならぬようだ。

他に探すアテはない。望み薄ながらも、電気を消して無人を装い、帰りを待ってみよう。

耳を澄ます。拍子木、すりこぎ。建部の報告にあった妙な音はどこからも聞こえてこない。ときどき路上を歩くハイヒールの場違いな音がするだけだ。

翌朝になっても建部は戻らなかった。

2009年6月16日現在、携帯の着信は依然として鳴る。ヤツはどこかで充電し、なんとか生きている。

総合的に判断すれば、広義でのウツ病による失踪というのが妥当なところだろう。その原因を205号室に求めるのはあまりにオカルティックに過ぎるのだが、当連載の流れ上、本人の口から何があったのかを聞き出すべきだと私は考える。

最後は、どこかでこの記事を読んでいるであろう建部本人に強く連絡を請うと同時に、全国津々浦々に散らばる「裏モノ」読者の皆様に捜索の協力をお願いし、今後の展開を待つとしたい。

この顔を見かけたら 03-5214-5971 鉄人社まで。

本人発見につながる情報を提供してくださった方には
謝礼金（1万円）をお渡しします。

※現在この応募は終了しています。

事故物件ミステリー

宇都宮での日々

第4話

建部が戻ってきた。先月号の発売と同時に連絡をよこしてきたのである。心配してくださった読者の方々には、心よりお詫びと感謝を申し上げたい。

連載は続く。が、その前に本人に報告してもらおう。いったいあの期間、お前の身に何が起きたのか。２０５号室と何か関係はあるのか。（佐藤）

２００９年６月１日、いつもどおりの時間に目が覚めると、なにやら腹に鈍痛が走っていることに気づいた。

もともとオレは腹が弱い。とりあえず病院に行くか。でもその前に会社に連絡をいれなきゃ。

電話口に出た編集長・佐藤は少し機嫌が悪そうだった。そういえば、担当記事の取材を今日中に終わらせなきゃいけないんだっけ。

それにしても体がダルイ。昨日は日曜日だったから一日家にいて、10時には寝たはずなんだけどな。

会社への電話が終わって5分としないうちに、腹痛よりもダルさが勝ってきた。なのでそのまま布団にもぐりこんだ。ダルい、ダルい、何もしたくない…。

結局、布団の中で目を開けたまま、夕方になるまでぼんやり寝転んでいた。

携帯には会社、友人からの電話やメールが何度も着信している。そのどれにも返事をする気になれない。とにかく人と話すのが億劫だ。そういえば昔、彼女にフラれて仙台まで一人旅に出たことがあった。あの時は楽しかったなぁ。

(行こうか。そうだ、行こう)

携帯の充電器をカバンに放り込んだオレは、夕方6時池袋発の湘南新宿ライン、宇都宮行き電車に飛び乗った。

アテなどまったくなかった。とにかく東京を離れ、自分のことを誰も知らない土地に身を置きたかった。

寝ればすべてはリセットされるはず

宇都宮に着く少し手前の廃れた駅で電車を降りた。辺りには申し訳程度にコンビニがあるだけで、人の姿もまばらだ。遠くには田んぼが見える。とにかく歩いてみるか。

30分ほど歩いたろうか。辺りが暗くなるにつれ、徐々に寂しくなってきた。いったい何のためにこんな田舎にやってきたんだろう。自分の意志であるにもかかわらず、他の何かに背中を押されたかのような不思議な感覚だ。

もう夜も遅い。でも上り電車に乗る気にはなれない。宇都宮のマンキッにでも向かおう。

狭い部屋に寝転んで目を閉じると、会社のことが気になってきた。携帯

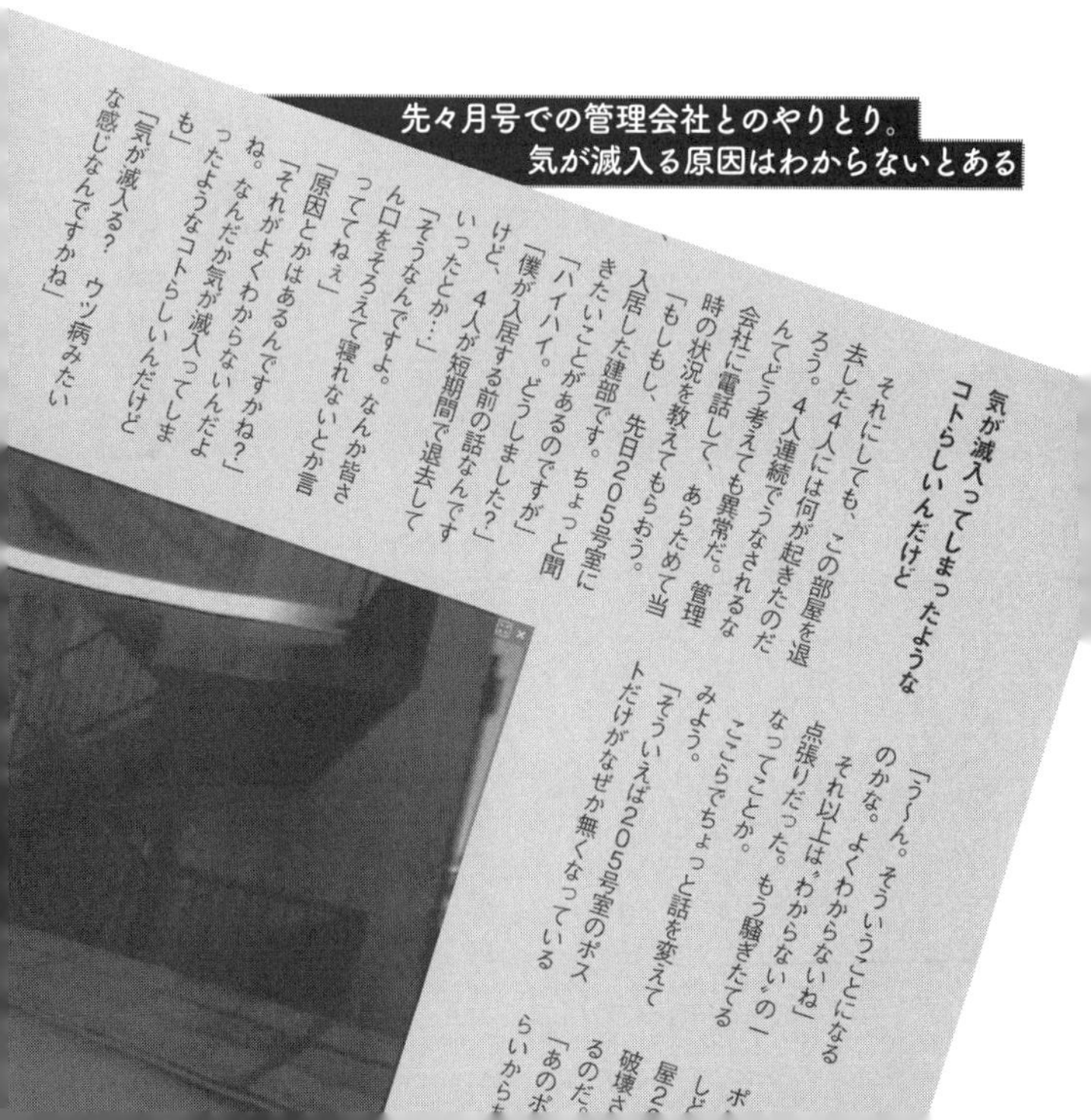
先々月号での管理会社とのやりとり。

気が滅入る原因はわからないとある
気が滅入ってしまったような
コトらしいんだけど
それにしても、この部屋を退去した4人には何が起きたのだろう。4人連続でうなされるなんてどう考えても異常だ。管理会社に電話して、あらためて当時の状況を教えてもらおう。

「もしもし、先日205号室に入居した建部です。ちょっと聞きたいことがあるのですが」

「ハイハイ。どうしました？」

「僕が入居する前の話なんですけど、4人が短期間で退去していったとか…」

「そうなんですよ。なんか皆さん口をそろえて寝れないとか言ってってねぇ」

「原因とかはあるんですかね？」

「それがよくわからないんだよね。なんだか気が滅入ってしまったようなコトらしいんだけども」

「気が滅入る？　ウツ病みたいな感じなんですかね」

「う〜ん。そういうことになるのかな。よくわからないね」

それ以上は“わからない”の一点張りだった。もう騒ぎたてるなってことか。

ここらでちょっと話を変えてみよう。

「そういえば205号室のポストだけがなぜか無くなっている

には何度も何度も着信が残っている。留守電に吹き込まれた「連絡してこい」の佐藤の声。無視していいものか。

とてもかけなおす気にはなれなかった。オレは今日の行動を説明できることばを持っていない。まずは寝よう。寝ればすべてはリセットされるはずだ。

翌朝、いつもかけている携帯の目覚ましが定時の9時に鳴った。外へ出て近くのマクドナルドに入る。何も考えられない。今日どこへ向かうべきなのか、何をすべきなのか。

携帯のバイブが震えた。画面には「鉄人社」の文字が。

やはり出れなかった。誰と

も話したくなかった。寝たら気持ちも変わるはずという密かな希望は叶わなかったのだ。

その日は夕方までマクドナルドで過ごし、夜はまた同じマンキツで寝た。節約のためメシはカップラーメンで済ませ、携帯はバイブも音も消した。もはやいっぱしのネット難民だ。自由だった。誰にも干渉されず、誰に気を遣うこともなく、ただゴロゴロするだけで1日が終わっていく。まさに自由だった。

1週間が過ぎたあたりで体が臭くなってきた。サウナを探して汗を流し、ユニクロで安いシャツを買いそろえた。古いシャツは捨てた。

だんだん頭の中に、新しい生活が設計され始めた。この宇都宮でなにか職を探そうか。人と接さなくていいカンタンな仕事を。ここに住みながら通えて、1日6千円ぐらいもらえるような。

でもネットで検索しても、芳しい職は見つからなかった。途端にヤル気をなくした。ダルい。漫画すら読む気がしない。だから寝た。とにかく寝た。マンキツの外に出ることすら億劫になった。腹が減ればカップ麺ばかりを食べ、3日に1度だけサウナに通った。

自分は精神を病んでいるのか

6月24日、12時過ぎに目が覚めた。ぼんやりした頭で、オレは本屋に向かった。「裏モノ」の発売日が来たからだ。

すでにクビを切られたことは間違いない。でもやっぱりどこかで気にしていたのだ。オレの担当記事はどうなったのだろう、そして豊島マンションの連載は。

表紙には「出会い系特集」の文字が躍っていた。オレの担当ページは、別の編集部員が代わりに埋めてくれている。自分が情けなくなった。

豊島マンションの連載は……残っていた。タイトルには〃蒸発〃の文字があり、オレの肩書きは〃元〃居住者になっている。

本文では佐藤によるセキララな文章が続いていた。そしてそこには自分では考えも及ばなかった病名が。

(ウツ病だって?)

自分は精神を病んでいるのか。もちろんこれは連載にからめて佐藤が勝手に想像したことに過ぎない。でもこのひと月足らずのオレの行動、他人との接触を避けて内にこもりたがる心境はウツ病の症状なのかも。

本の最終ページをめくった。編集部員の欄に、オレの名前はまだ残っていた。なぜか涙があふれてきた。

本屋を出たオレは、会社に電話をかけた。

「おう、生きとったんか」

佐藤の素っ頓狂な声がする。

「申し訳ありませんでした」

「今どこにおるん?」

「宇都宮です」

オレはこのひと月ほどの出来事を説明し、本日発売の記事を読んだと話した。

「タイミング悪いなぁ。いま戻ってきたら懸賞金の意味なくなるやん」

心配されているのか何なのか。流した涙がもったいなく感じた。


「マンションのせいってことはあるんでしょうか？」


佐藤の勝手な推理は当たっているのだろうか。久しぶりに出社する前に、心療内科に寄ることにした。

問診を受けた結果、下された診断は「抑うつ状態」。仕事、プライベートなど様々な要因が考えられるそうだ。

「マンションのせいってことはあるんでしょうか？」

「うーん、可能性はあるね」

オカルトうんぬんではなく、日当たりの悪さや狭すぎるせいでウツになる人もいなくはないらしい。

至極、論理的な意見だ。ただ205号室の日当たりは悪くない。狭いには狭いが、男1人で住むぶんには問題ない間取りだ。ならばやはり…。

ただいま帰りました

久しぶりに帰った豊島マンションは、何も変わっていなかった。部屋のカギを開けると、ドアに仕掛けてあったトラップがハラリと舞い落ちる。

ひとまず窓を開け、買ってきたコンビニ弁当をほおばってみる。以前と同じ壁、同じ天井、同じ空気。再びここで暮らし始めれば、またいつかオレは、あの説明しがたきダルさに襲われるのだろうか。

複合的な要因が考えられると医師は言う

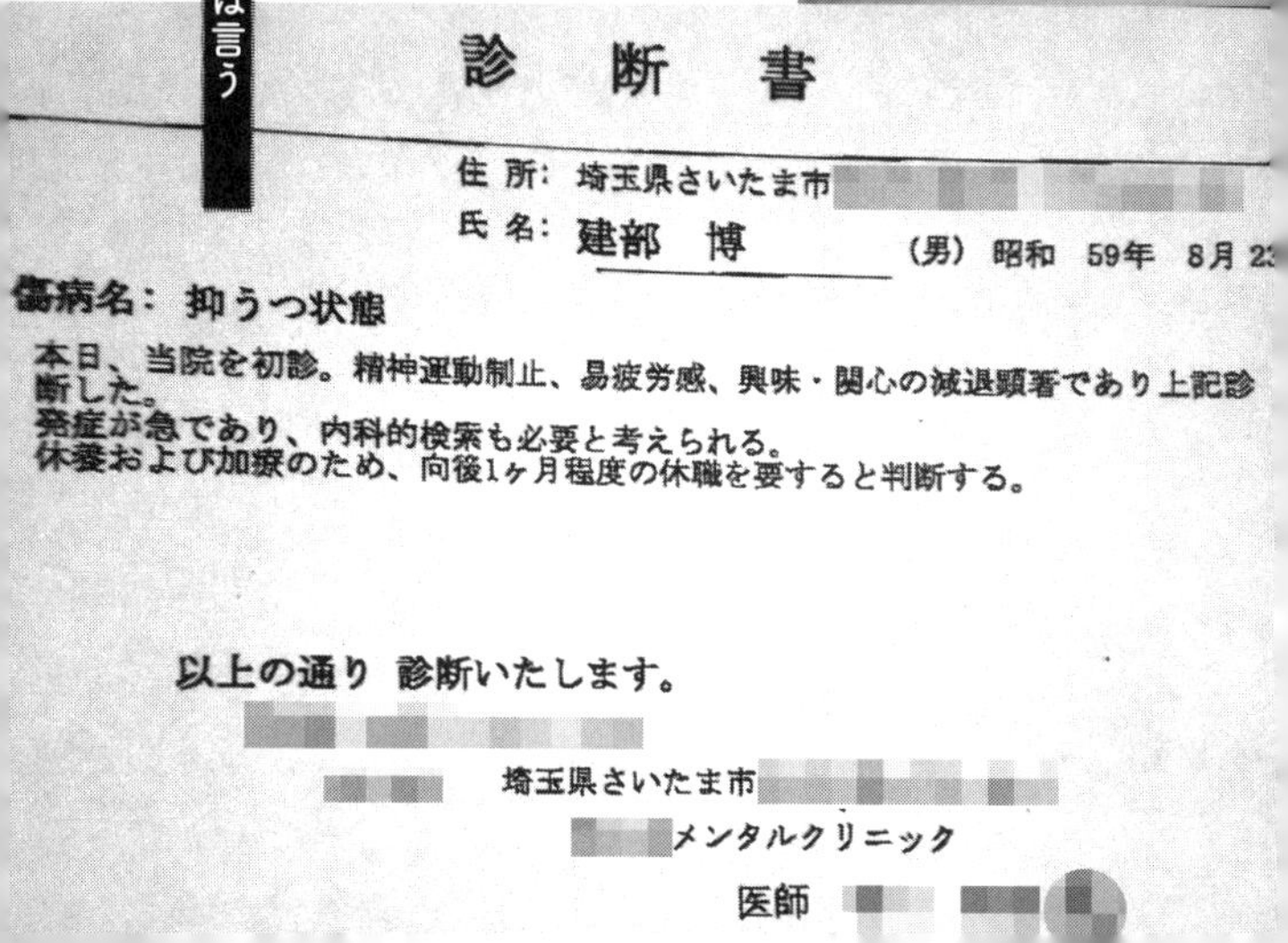

診断書

住所: 埼玉県さいたま市[redacted]

氏名: 建部 博 (男) 昭和 59年 8月 2

傷病名: 抑うつ状態

本日、当院を初診。精神運動制止、易疲労感、興味・関心の減退顕著であり上記診断した。
発症が急であり、内科的検索も必要と考えられる。
休養および加療のため、向後1ヶ月程度の休職を要すると判断する。

以上の通り 診断いたします。

[redacted]

[redacted] 埼玉県さいたま市[redacted]

[redacted]メンタルクリニック

医師 [redacted]

第5話

流し台に何かが

事故物件ミステリー

豊島マンション205号室

なぜか眠れないんだよね

あのとき拍子木の音が

豊島マンションに戻って2日が経った。

懐かしいという感情がわいたのは部屋に着いたときの一瞬だけで、すぐに様々な不安が脳をかけめぐり出した。オレはウツ病なんだ。ここにいたらまたどこかに行ってしまうのではないか。仕事から、仲間から逃げてしまうのではないか。

考えたところでしかたないのはわかっている。しかしこの部屋がウツの原因である可能性は非常に高いのだ。いつなんどき、あのけだるさが襲ってくるか、不安はふくらむばかりだ。

2日目の夜10時ごろ、会社から帰ると、オレはすぐに横になった。久しぶりの仕事に疲れたのもあったし、なるべくこの部屋にいるという意識を持ちたくなかったというのもある。少なくとも睡眠中は何事も起きないだろうし。

しかし布団をかぶって目を閉じても、なかなか寝つけない。なんだか必要以上に緊張してるのかもしれないな。何も考えずにいよう。ただ目をつぶってればそのうち眠くなるよ。何度も寝返りをうち、眠ろう眠ろうとあせるうち、ふと、久しぶりの音が聞こえてきた。

カン、カン、カン。

入居したてのころ耳にしたあの〝拍子木の音〟だ。あのときよりも音量は小さいように思うが、心臓の鼓動とシンクロするせいか、前回の何倍も、何十倍も怖い。

頭を振って体を起こしたときには、すでに音は消えていた。何なんだよ。この部屋では眠れそうにない。オレは池袋のマンキツへ向かった。

ヤツなら何かを見つけるかも

本当にこの世には霊のようなものが存在するのだろうか。気が弱っているだけに、オカルトを信じてしまいそうだ。

結局その週は、埼玉の実家で暮らすことにした。うかつにオナニーもできない環境だが、豊島マンションよりはマシだ。

高校時代の同級生と毎夜飲むうち、気分は晴れ上がってきた。持つべきものは友。あらためてそう思う。もう一人暮らしなんてやめよっかな。でも連載があるしな。うーん。

そうだ、一度、友人の西本を部屋に呼ぶのはどうだろう。あいつなら何かわかるかもしれない。高校からの友だち、西本はときどき変なことを言う男だ。大学生のころ、真夜中の海に遊びに行き、浜辺で遊んでいると、ヤツ一人だけがその輪に参加せずに車で待機していた。理由を聞くと真顔でこう答えた。

「何かわからんけど、そっちに向かおうとするだけで気持ち悪いんだよ」

仲間と長野方面へドライブに行ったときも、それまで後部座席でずっと寝ていたくせに、山道に入るや急に起き上がり、強い口調で言った。

「この道はやめようぜ。やばい気がする」

普段はいたって普通のニイチャンなので、頭がイカれたとは誰も思わず、軽い霊感のようなものなのかなと周囲は結論づけていた。西本自身も「見える見えない」ではなく、「気がする」ぐらいの曖昧な感覚らしい。

ヤツなら205号室で何かを見つけてくれるかも。見つけられても、それはそれで怖いんだけれど。

部屋に入ってからずっと、頭が重いんだよ

その日、西本と池袋の安居酒屋で飲んだ後、部屋へ誘った。

「おまえ明日バイト休みだろ？　オレの部屋で飲み直さねえ？」

「そういや一人暮らし始めたって言ってたっけ。いいよ、行こう」

「狭いけど、まあ来いよ」

ヤツはこの連載のこともオレがウツになったことも知らない。変な先入観なく何かを感じさ

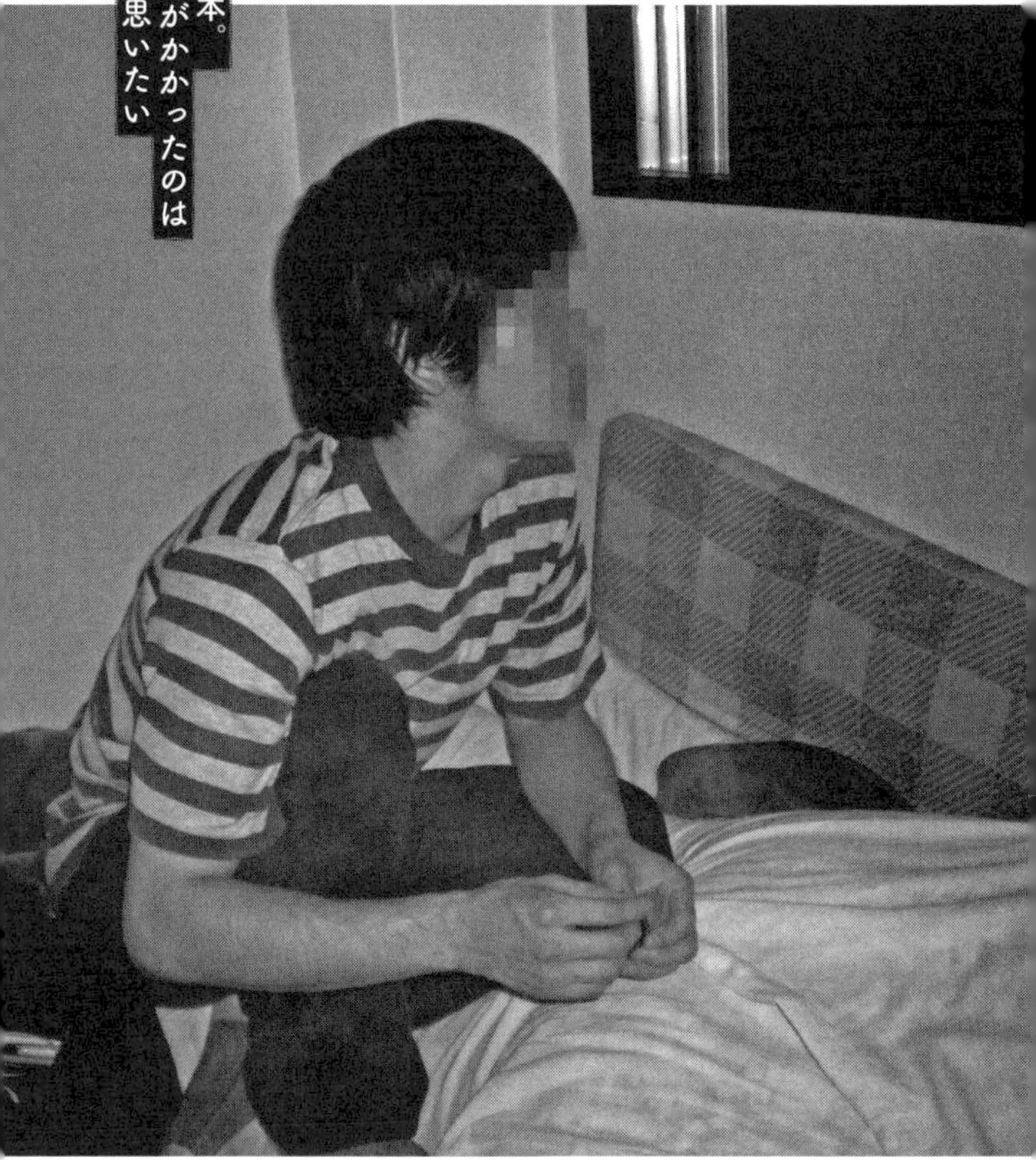

霊能者(?)西本。
写真にモヤがかかったのは
偶然だと思いたい

せるためには、まだ目的は伝えないほうがいいだろう。

２０５号室のカギを開け、西本を迎え入れる。表情に特別な変化はない。

「どうだ？　ちょっと狭いけど一人暮らしってカンジだろ？」

「そうだな。いつから住んでるんだよ？」

「4月からだから4カ月か」

酒とツマミを床に置き、テレビを見ながらまったりと時間は進んだ。

「ヒロシさ、なんでこの部屋を選んだの？」

「え、まぁ会社まで近いってのが一番かな」

「ふーん」

しばらくくっちゃべるうちに、夜中3時を過ぎた。そろそろ寝るか。今日は2人だし安眠できるだろう。

「西本、泊まってけよ」

「オレは帰るよ」

「まだ始発出てないぞ？」

「いやあのさ、さっきから聞こうと思ってたんだけど、ココってなんか変な部屋なの？」

「どういう意味？」

「なんかこの部屋に入ってからずっと、頭が重いんだよ」

過去に流し台で何があったのか

出た。まさかほんとにそんなことを言い出すとは。やっぱ呪われてんのか、この部屋。

「飲みすぎなんじゃねーの」

「いや、今日はあんま飲んでないし」

そう言って部屋を見渡す西本。

「何か見える？」

「見えないけど感じるね。つーか住んでて気づかなかったの？」

「いや実はさ…」

ここはすがるしかない。オレは今まで起きた出来事をすべて話した。

「でもさ、オレは霊とか信じないから、他の原因だと思うんだよ」

「なんとも言えないけど、すごく嫌な感じはするよ。特にそこの流し台から」

流し台？　この何の変哲もない流し台が？

「あくまでも感じがするだけだけどな」

具体的に場所を指摘され、いっそうの恐怖心が襲ってきた。流し台ってどういうことだよ。

下水管に霊がいるってのか？

このあたりに嫌な感じがするのだと

「わかんないって。でも引っ越したほうがいいよ」

「除霊とか出来ないの？」

「知らないよそんなの。塩でもまくしかないんじゃん？　ま、もう帰るよ」

一人残されるのがおっかなく、大通りまで西本を見送った。金もないくせにタクシー乗るなんて、そんなにオレの部屋で寝たくないのかよ。

部屋に戻り、あらためて流し台を眺めてみた。過去にこの場で何があったのか想像する。髪の長い女が包丁で手首を切ってるようなシーンを。鮮血が飛び散り、その上に女がうずくまる様子を。ふん、そんなのあるわけねーよ。

念のため、生まれて初めて盛り塩をやってみた。こんなものに効果を期待しているなんて、本当にオレはどうかしちゃったのかもしれない。

成仏してください…

第6話

霊能者 小林世征氏に 霊視を

事故物件ミステリー

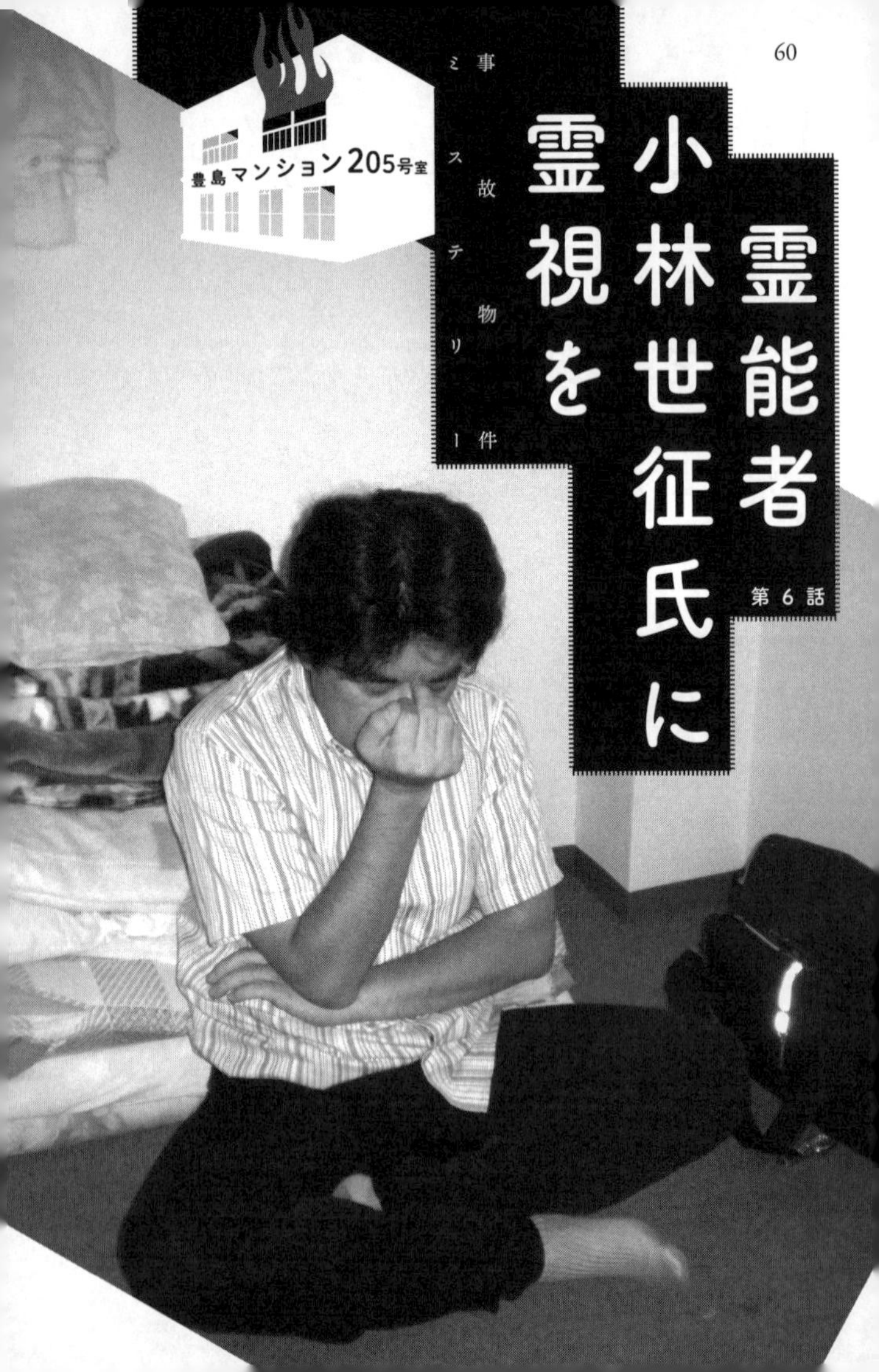

友人は、部屋の流し台から霊的な気配を感じ、オレを残してさっさと帰りやがった。始末に負えない野郎だ。思わせぶりなことを言って逃げるなんて、いちばん怖いじゃないかよ。

住み続けなければならないオレとしては、その何かの正体が知りたい。良いものなのか、悪いものなのか。おそらく良くはないんだろうけど、それがわからなければ気にしすぎてまたウツになっちまう。

こうなったらホンモノの霊能力者を呼んで見てもらおう。ああいう人たちのことを全面的に信じることはできないが、もはやどうのこうの言ってられる状況ではない。早く流し台にいる〝何か〟の正体を把握しないと。

オカルト雑誌『ムー』の編集部に相談すると、これ以上ない霊能力者を紹介してくれた。小林世征、50歳。テレビやラジオにも数多く出演している、その業界の有名人である。

さっそく電話で霊視の依頼をすると、快く引き受けてくれた。部屋に来て、様子を見てくれるそうだ。

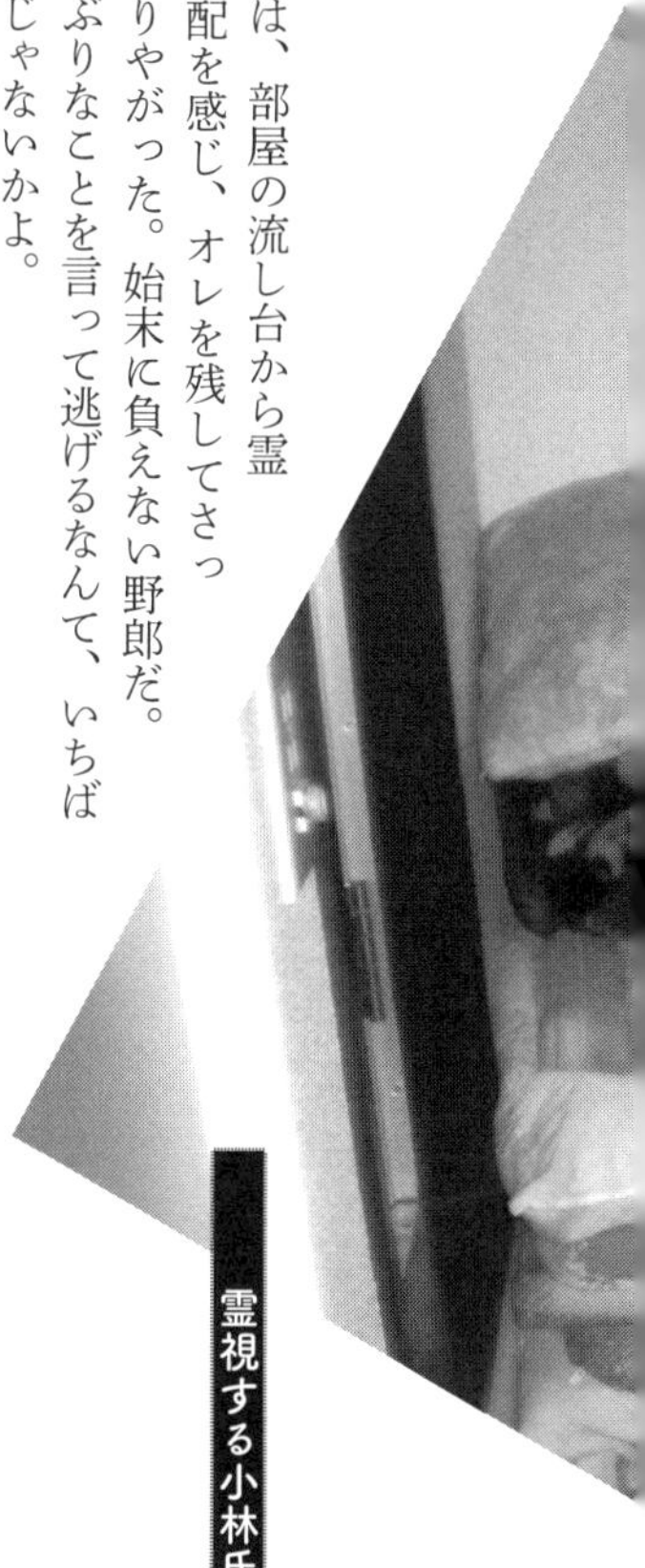

霊視する小林氏

「このマンションは、土饅頭の上に建てられてる」

２００９年９月某日の夕方、池袋の駅で待ち合わせた小林氏は、どこにでもいるような中年のオジサンだった（失礼）。豊島マンションへと向かう道中で、彼が言う。

「霊ってのはね、ほとんどが自殺した人や突然の事故で死んだ人なんだよ。見てみないとはっきりわからないけど、その部屋でももしかしたら誰かが死んでるのかもね」

そうか、死んでるのか。誰かが死んだ場所でオレは生活してたのか…。

部屋に到着すると、小林氏は何も言わずに四方を見渡し始めた。そのまま腰を下ろし、静かに目を瞑りながら集中している。

ゆっくり息を吐き、また吸う。５分ほどその繰り返しが続いた後で、氏は口を開いた。

「まず、ココは土地が悪いね」

土地が悪い？

「このマンションは、江戸時代に病気とか飢餓で行きだおれになった人たちが埋まった土饅頭の上に建てられてる」

ドマンジュウ。耳慣れぬことばだが、つまりは石の代わりに土を盛って作った墓のことだ。なるほど、墓の真上なら縁起はよくないはずだ。

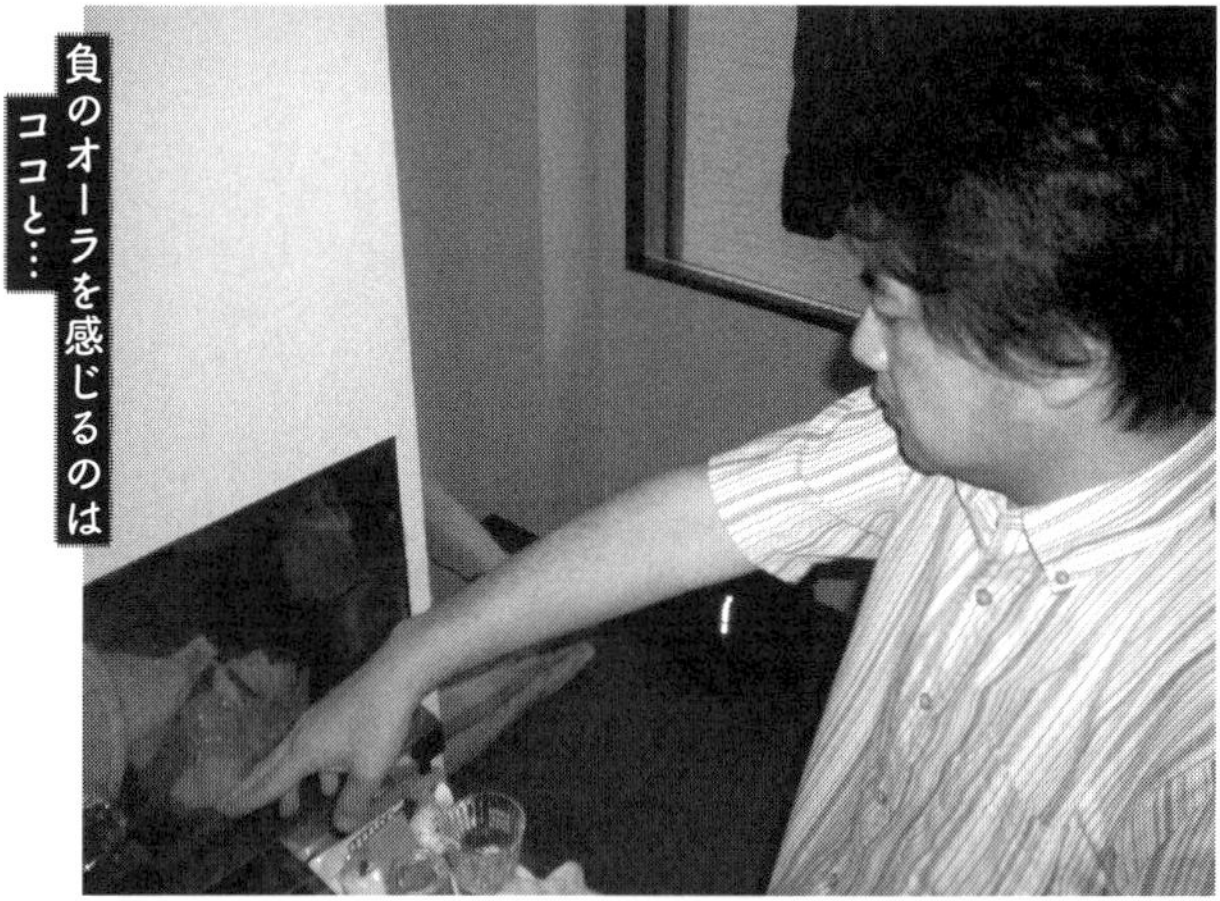
負のオーラを感じるのは
ココと…

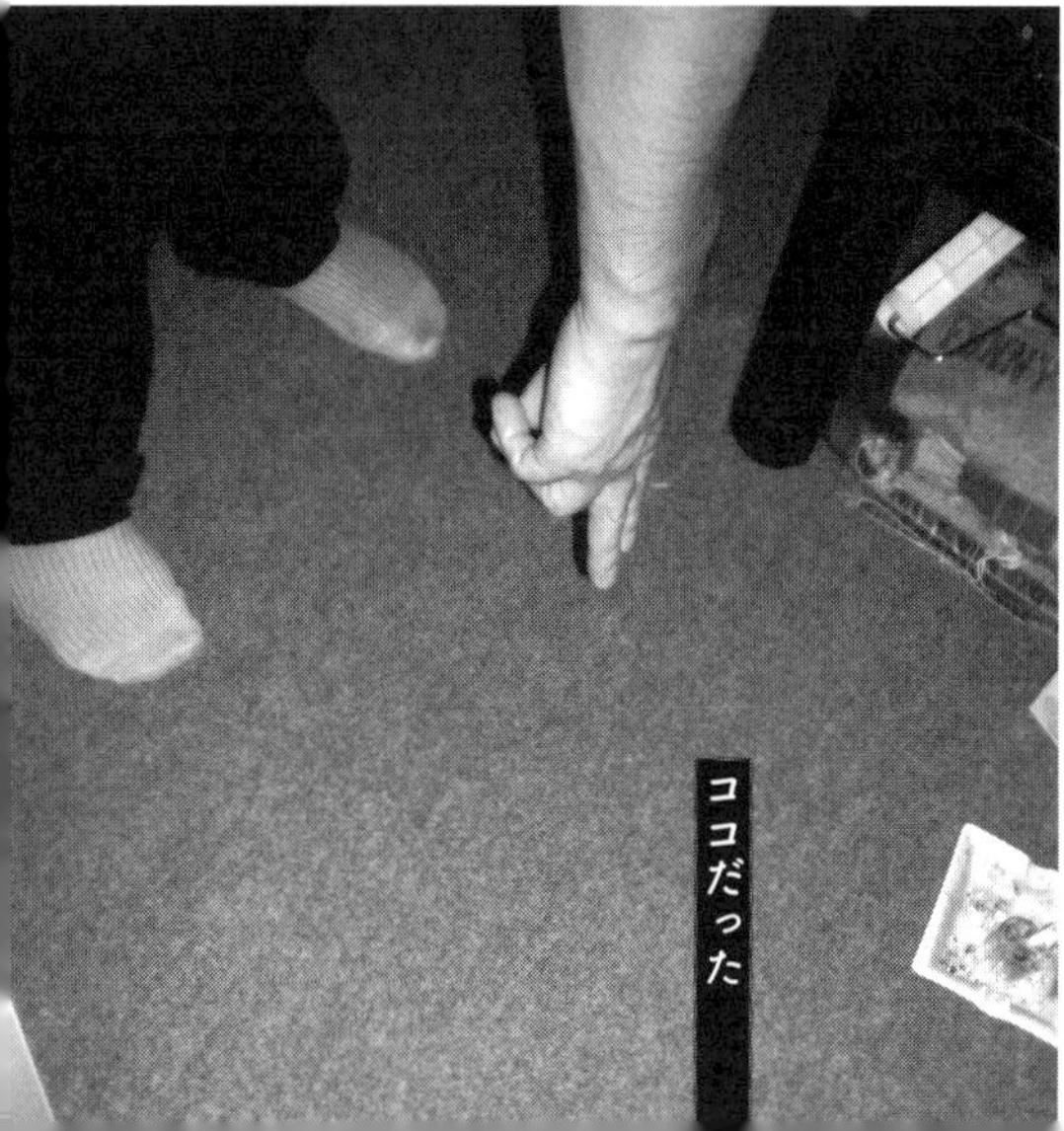
ココだった

でも江戸時代ってのは、あまりに古すぎないでしょうか。

「死んだ人の念が残ってるということだよ。ただ悪いのはこの部屋に限ったことじゃなくて、ここら辺一帯。それに土に近いぶん、この2階よりも1階のほうが影響は出てるはずだ」

「じゃあ、その江戸時代の死体によって、今住んでいる人にはなにか影響はあるんですか？」

一瞬考えて、小林氏は言う。

「そうだね、無いと考えていいよ。もしかしたらあるという答えを期待していたかもしれないけど、僕はウソをついてまで、霊がいるとは言えないからね」

土地は悪い。念は残っている。でもだからといって住民に影響はない。それが氏の出した結論のようだ。

正直、拍子抜けした。オレのウツ病や、変な物音の原因を、霊のせいにしようとしていたのに。そいつを追い払えばすべてなくなると考えていたのに。

「じゃあ、この部屋で少しでもイヤな感じのする場所はありますか？」

この質問に小林氏は立ちあがり、すぐさま指さした。

「ココかな」

流し台だった。友人とまったく同じである。

「まぁ水場は特にいるからね。でも本当に微弱だよ。影響が出るものじゃない」

続いて氏は部屋の中央の床を指す。え、そんな所も!?　オレはいつもその上で寝てるんですけど！

「ココも同じように土饅頭の負のオーラを感じる。でも気にするほどではない」

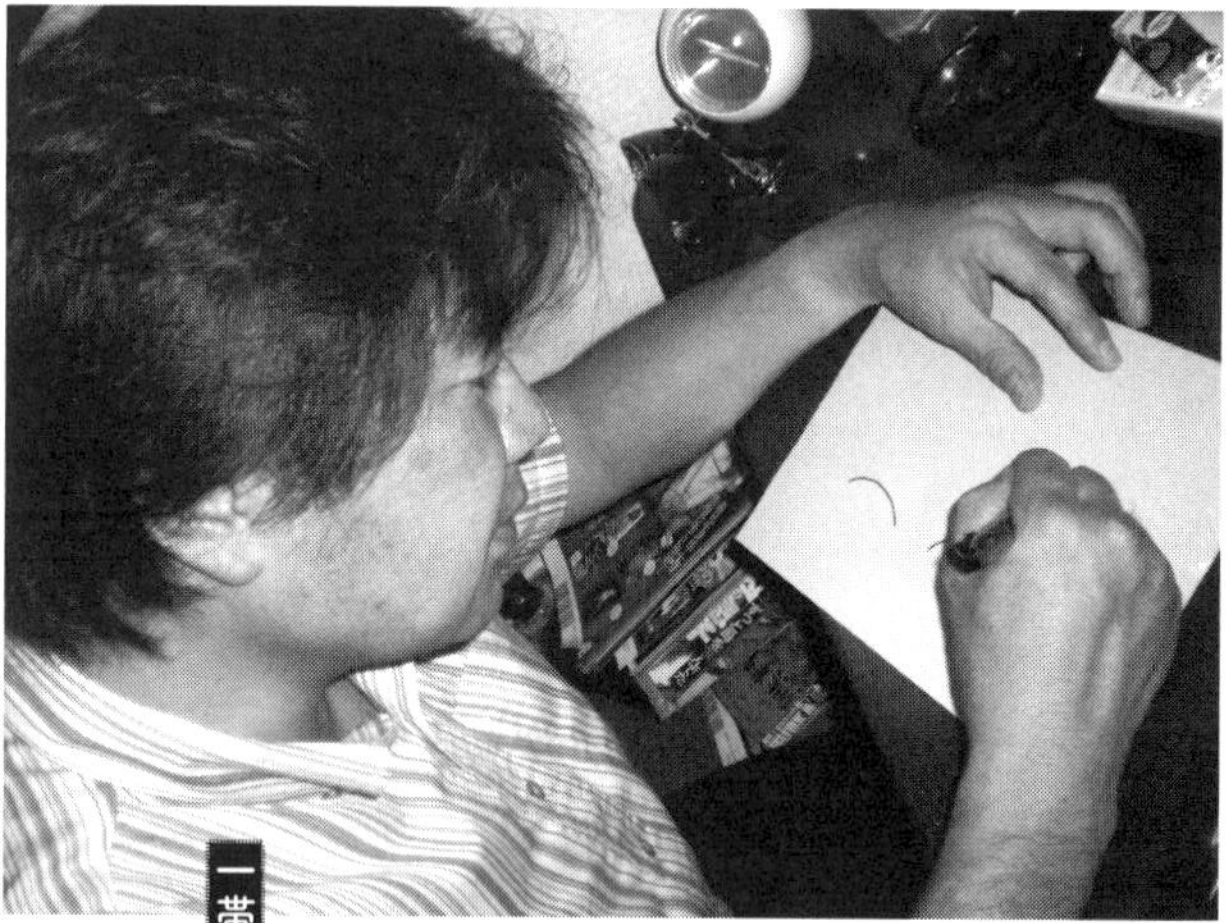

一帯に土饅頭が
あったそうな

霊能力者でも解決できない。タテベ君にはもっと無理

気にする必要はないと言われても、その道のプロに具体的な場所を指摘されると穏やかじゃない。気にしないようにしようとすること自体が気にしてることになってしまうのだし。これからオレはどう生活すればいいのだ。

「心が弱い人には少し影響はあるかもね。落ち込んでいる人とか」

「それはどういう意味でしょう?」

「負の思考にいる人には、この土地自体が発してる負のオーラを感じやすいというだけだよ」

簡単に言うと、心が元気な人ならば感じないものを、オレは感じているということだ。逆に言えば、心が回復すれば、この部屋でも平穏無事に過ごせるという意味でもある。

ただ、もうすでにウツ病になった身としては、先に見えるのは、マイナスがマイナスを呼ぶ悪循環だけなのだけど…。

「僕が除霊してもいいけど、それは根本的な解決にはならない。時間がたてばその効果が薄れていくからね」

じゃあオレはいったいどうすれば…。

「簡単だよ。引っ越しなさい。悪い土地に住んででもいいことはないんだ。僕ら霊能力者でも

完全に解決はできないんだから、タテベ君にはもっと無理だよ」

小林氏が部屋を出るころには、外はめっきり暗くなっていた。一人きりになり、あらためて流し台と足下の床を眺めてみる。そして自分の心の声を聞いてみる。

引っ越すか？　それでいいのか？　難を逃れるために引っ越しても、根本的な解決にはならない。不可解な現象から目をそらさず、真っ正面から対峙することがこの連載の目的なのだから。

ひとまず部屋を出た。でも行くアテはない。コンビニで線香を買い、また引き返した。いまできることはこれぐらいしかない。

火を点けた線香をマンション脇の土に挿し、はるか昔、江戸時代の霊に祈る。どうかご成仏ください。オレのことなんて放っておいてください。

成仏してください…

事故物件ミステリー

第7話 泊めた友人が消えた

連載を知らない友人に住ませてみよう

豊島マンションに住み始めて半年が経過した。25年間生きてきたけれど、これほどまでに眠れなかった半年は初めてだ。

ここで一度、現在までに起きた現象を整理してみよう。

【過去に4人がウツ病で退去した】
【深夜2時の拍子木の音】
【天井からのすりこぎ音】
【オレ自身がウツ状態に】
【霊感のある友人は「流し台からイヤな感じ」がする】
【霊能者小林氏の霊視「この建物は死体の上に建っている」】

ざっとこんなところだろうか。とりあえず盛り塩などでお祓いするしか策はなく、オレとしても今後どうすればいいか迷っているところだ。

そんな折、10月の頭に、大学時代の友人・松村から連絡がきた。大学を中退してから地元の上京して浮かれている松村だが…

福島で仕事を転々としている男だ。

「おー久しぶり。元気してるんか？」

「元気元気。ところでさ、来週からまた上京しようと思ってるんだよ。お前一人暮らししてんだろ。1週間ばかし泊めてくれないかな」

どうやら職がなくなったので、東京で仕事を探そうということらしい。

これはチャンスだ。ヤツは連載のことを知らない。1週間この部屋に住ませて、その身に何か起きるのか調査するのも無駄ではないだろう。

「ああ、いいよ。オレは実家に帰ってるから、その間は好きに使っていいし」

数日後、松村はキャリーバッグを引いて最寄り駅にやってきた。

マンションに向かいがてら、軽く聞いてみる。霊能者・小林氏が「この部屋は心が弱っている人には何かしら影響がある」と言っていたことを踏まえてだ。

「松村、最近心とか弱ってないか？　オレはちょっと仕事で疲れちゃってさ」

「そうなの？　オレはストレスもなにもないけどな」

福島のプータローが弱る理由なんてないか。ならばコイツには何も起きないな。安心、じゃなくて残念。

部屋に到着しても松村の表情に変化はなかった。

「狭いなー、ここ」

「まあ、そう言うなって」

夜も遅いということもあり、缶ビールを数本を空けるだけで、その場はお開きとなった。

「んじゃ、オレは実家に帰るよ。なんかあったら連絡してな」

「あいよ」


「なんか上のほうから…重い音が聞こえて…」


翌日、松村からは何も連絡がなかった。面接であちこち回ってるんだろう。

夜になり電話をかけた。

「昨日はよく寝れたか？」

「う〜ん。ちょっと問題があってさ」

問題？

「なんか全然寝れないんだよ。お前が帰ったあと、しばらく布団に潜ってたんだけどさ」

「なんで寝れないんだよ？」

「ウトウトするんだけど、なんか体がかゆくなって寝るどころじゃないんだよ。この部屋ダニがいるんじゃないの？　耐えられないからサウナに泊まったよ」

拍子抜けした。そんな問題かよ。ダニぐらいいるかもしれんが、その部屋の問題ってのは、そういうもんじゃないんだっての。

「今日はどうするんだ？」

「カネももったいないからこの部屋に泊まるよ。そういえばさ、なんで盛り塩なんかしてるんだよ？」

流し台からイヤな感じがすると言われて盛ったままだったものだ。

「なんか風水でいいって聞いたから置いてるだけだよ」

「ふーん、そっか」

明くる日の朝、冷やかし気分でメールを入れた。

〝昨日は眠れたか？　時間が空いたら返事をくれ〟

返事はなかなかこなかった。ならばと電話も入れてみたが、そのまま留守番センターに転送されてしまう。

夕方になって松村はメールを送ってきた。一応は無事だったのかと開いてみると、中身はたった一文だけだった

〝ちょっとこの部屋じゃ寝れないわ〟

まだ寝られんか。ちょっくら電話してやろ。1コール、2コール、3…なんで出ないんだ？

ただいま時間は夕方4時。とりあえずアノ部屋に行ってみるか。

会社を抜け出して30分後、205号室ドアをノックすると、ほどなくして松村が顔を出した。

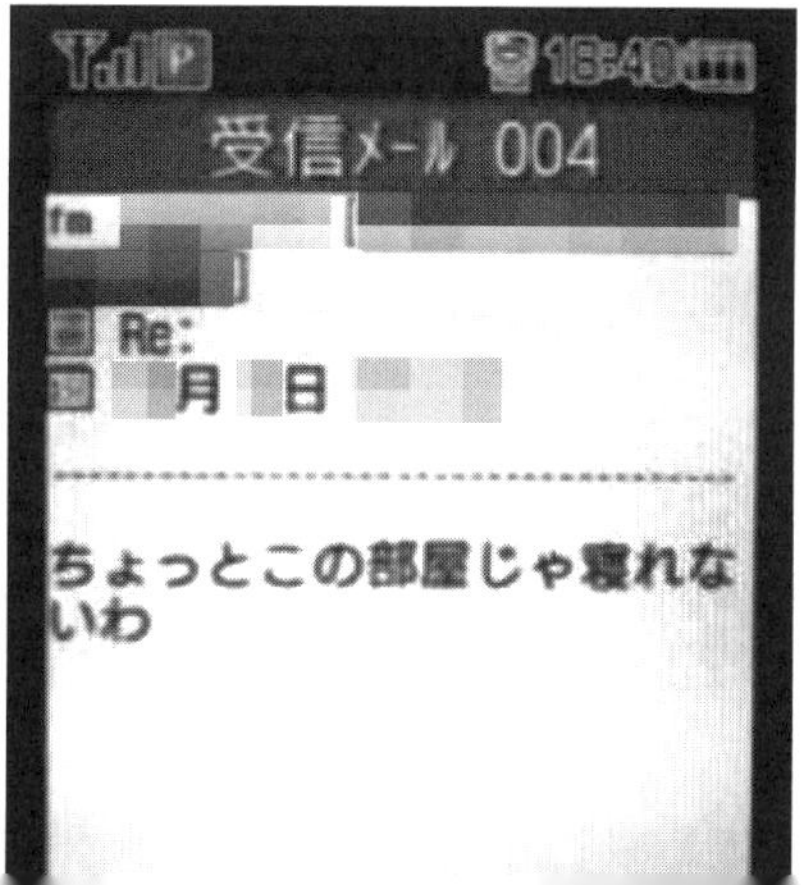

返ってきたのは
無機質な一文だった

「いたのかよ！」

「ああ、とりあえず今出るからちょっと待ってて」

松村はいったんドアを閉め、すぐに荷物を抱えて部屋から出てきた。

「もう地元に帰ろうと思ってさ」

「え、もう？　1週間くらいはいるって言ってたじゃん」

「気が変わったんだよ。はい、これカギ」

そう言って松村は205号室のカギを手渡してくる。

「また寝れなかったんだよ」

「……」

「…一睡もしてないよ」

またダニが気になったのか？

「なんか上のほうから…重い音が聞こえて…。『ズー、ズー』ってさ」

ドキリとした。それって、あのすりこぎ音じゃないか。やっぱアレは空耳じゃなかったんだ。

205号室の実態を伝えぬまま、オレは松村をホームまで見送った。電車に乗り込んだヤツは空いてる座席に腰を下ろし、手も振らずに目をつむってしまった。

そのまま部屋に戻り、中を確認する。特に変わったところはないが、盛り塩に目をやると、まるで指で押したような跡が無数についている。なにこれ、狂人のしわざじゃん…。

なぜこんなことを？
頭がオカシクなったのだろうか

その後数日、松村には何度電話をかけても返事がなかった。あんな部屋を貸したから怒ってるんだろうか。

5日後、なんだか胸騒ぎがしたので、ヤツの実家に電話をしてみた。出たのは母親だ。

「もしもし、建部です」

「あー、泊めてもらってるみたいでありがとうね」

「え？　まだ帰ってないですか」

「あら、まだ東京にいるんじゃないの？」

どういうことだろう。オレと別れてもう5日になるというのに。サウナを転々とでもしてるのか。

でもならばどうして連絡をよこさないんだ。これってオレ自身がウツになって失踪していたときと同じじゃないか。

この原稿を書いている現時点で、最後にヤツの顔を見てから2週間が過ぎている。実家にもまったく連絡はないという。

第8話

新妻、真由美の苦悩

事故物件ミステリー

豊島マンション205号室

「裏モノ」誌面でも報告したように、あれやこれやと慌ただしい生活を送るオレだが、このドサクサ紛れについに結婚までしてしまった。

本当である。相手は小学校からの同級生の真由美、いわゆる幼なじみだ。

この連載でオレがウツになってしまったとき、「放っておけないから、ワタシがずっとそばにいてあげる」と言われたのがうれしく、ついに先月、籍を入れた。

2人共に金はない。だから新婚生活を新居で迎えるなんて夢のまた夢だ。じゃあどこに住めばいいのかといえば…。

なんだかんだで真由美も嬉しそう

結婚パーティを終え、しばらく埼玉の実家で一緒に過ごした後、オレは切り出した。

「なあ、そろそろ2人で住まないか」

「うん。どこにしよっか」

どこもクソもない。彼女は実家暮らしなのだから、行くべきところはあの豊島マンションだけだ。

「え――――！　やだやだ！　ありえない！」

彼女はこの連載のことを知っている。不吉な部屋で新婚生活スタートなんてシャレになって

住むとこは決まってないけど
結婚しました

ないと、激しい拒みようだ。

気持ちはよくわかるのだが、じゃあどうしろというんだ。家賃の高い部屋なんてとても住めないんだぞ。それにお前、仕事もやめちゃったし稼ぎがないじゃないか。

「そうだけど…」

「な？　2人一緒なら大丈夫だよ」

「うん。そうだね」

なんとか説得し、ようやく了承の返事をもらった。顔は不満そうだが。

205号室に彼女の荷物が運び込まれた。2人のための新しいカーテン、新しい食器。だんだん部屋が美しくなると同時に、未来まで明るくなった気がする。

「このコップ、ペアで買ったんだぁ、あとお箸と…」

なんだかんだで真由美も嬉しそうじゃないか。よかったよかった。

その晩、簡単なセックスを済ませて、オレたちは布団に潜り込んだ。やっぱり2人だと心強い。ほっとした気分だ。


「ちょっと実家に戻ってもいいかな」

「んじゃ、いってくるわ」

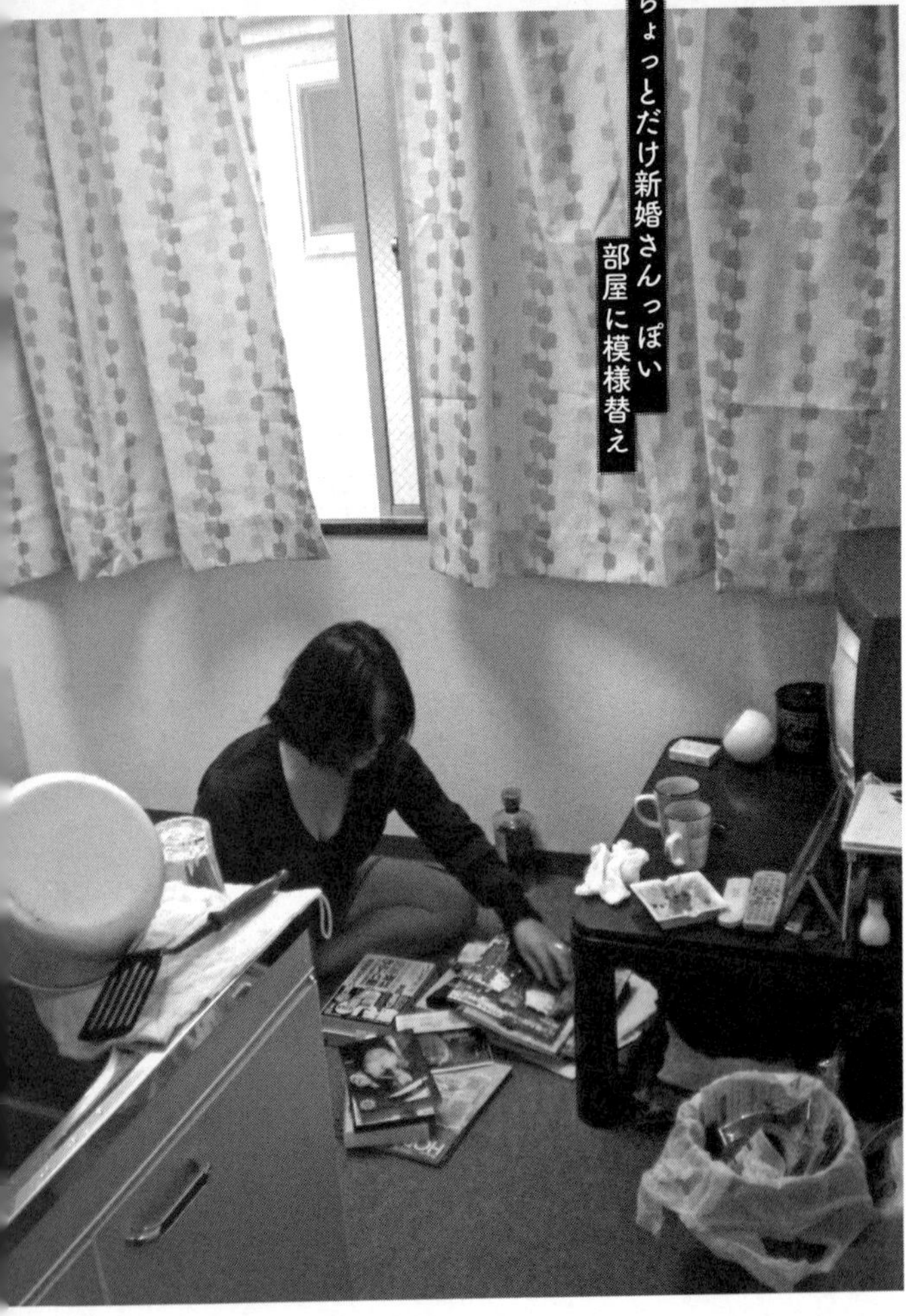

ちょっとだけ新婚さんっぽい
部屋に模様替え

「いってらっしゃい」

頬にキスされ、翌朝、会社に向かった。仕事のない真由美は部屋でお留守番だ。

「早く帰ってきてね」

「ああ」

「お昼なら大丈夫だよね」

陽の高いうちなら怪現象も起きないと思い込もうとしている。彼女なりに不安はあるようだ。

夜、部屋に戻ると真由美は狭い流し台に立って、夕食の準備にとりかかっていた。麻婆豆腐か。旨そう！

「なんか異変なかった？」

「ぜんぜん。壁が薄いから外の音が聞こえるくらいだよ」

ヒマだったから書いたという日記には、こう記してあった。

〝外で変な音がするたびビクってなる。早く帰ってきてよー〟

神経過敏になりすぎてるようだ。心配すんなって。オレがついてるんだから。

新婚生活数日目の朝、会社に行く準備をしていると、真由美もなにやら慌ただしく化粧を始めた。どっか行くの？

「1回実家に戻ろうと思って。洋服とかまだ持ってきてないのもあるし」

「そうか、車借りようか」

「ううん。大丈夫」

夜、部屋に帰ると真由美はすでに戻っていた。

「どう、実家は特に変化なかった？」

「うん、大丈夫だよ」

心なしか表情が暗く見える。

「なんかあったか？」

「疲れてるだけ。たぶん環境が変わったからだと思う」

様子がオカシイ。しかも洋服を取りに戻ると言っていたのに、何も増えていないし。

「洋服は？」

「うん、持ってくるの面倒になって…」

急に泣きそうな顔になってしまった。ふと机を見ると、例の日記帳が、まるでわざとのように開いてある。

〝見られてる様な気がするしトントントン…って聞こえてる気がする〟

え、お前、実はけっこう病んでるのか？

「ゴメンね。ちょっと実家に戻ってもいいかな。やっぱりこの部屋じゃムリだよ」

別居中に元カレと会ってるらしい

結婚早々、こうしてオレたちは不規則な別居生活を送ることになった。

真由美は実家暮らしをベースに、ときどき豊島マンションにやってくる。オレは豊島マンションをベースに、ときどき実家に戻る。そんな日々だ。

夫婦共通の女ともだち、A代から、聞き捨てならぬ内容の電話がかかってきたのは、すれ違い生活に突入してしばらく経ってからだった。恥ずかしい限りだが、その密告を正直に記そう。

――真由美が元カレと会っているらしい――

幼なじみといっても、オレと真由美が本格的につきあい始めたのはここ1年ぐらいのことだ。それ以前にカレシがいたことは知っている。

でも、まだソイツと会ってるとなると大問題ではないか。

なんでもA代は真由美の元カレのことが好きでちょくちょく遊んでおり、男の口からその事実を聞いたという。2人の関係を壊し、自分と上手くコトが運ぶようにと、オレにチクってきたのだろう。

穏やかではない。会ってるだけならまだしも、まさか肉体関係なんてことは…。

オレは頭を抱えた。真由美の態度がおかしくなったのは、この部屋に来て数日目からだった。マンションのせいか？ 霊が嫉妬してアイツを浮気に走らせたのか？

真由美はこの連載を知っている。こうして書いた以上は、本誌発売の24日までにクロシロはっきり決着をつけねば。

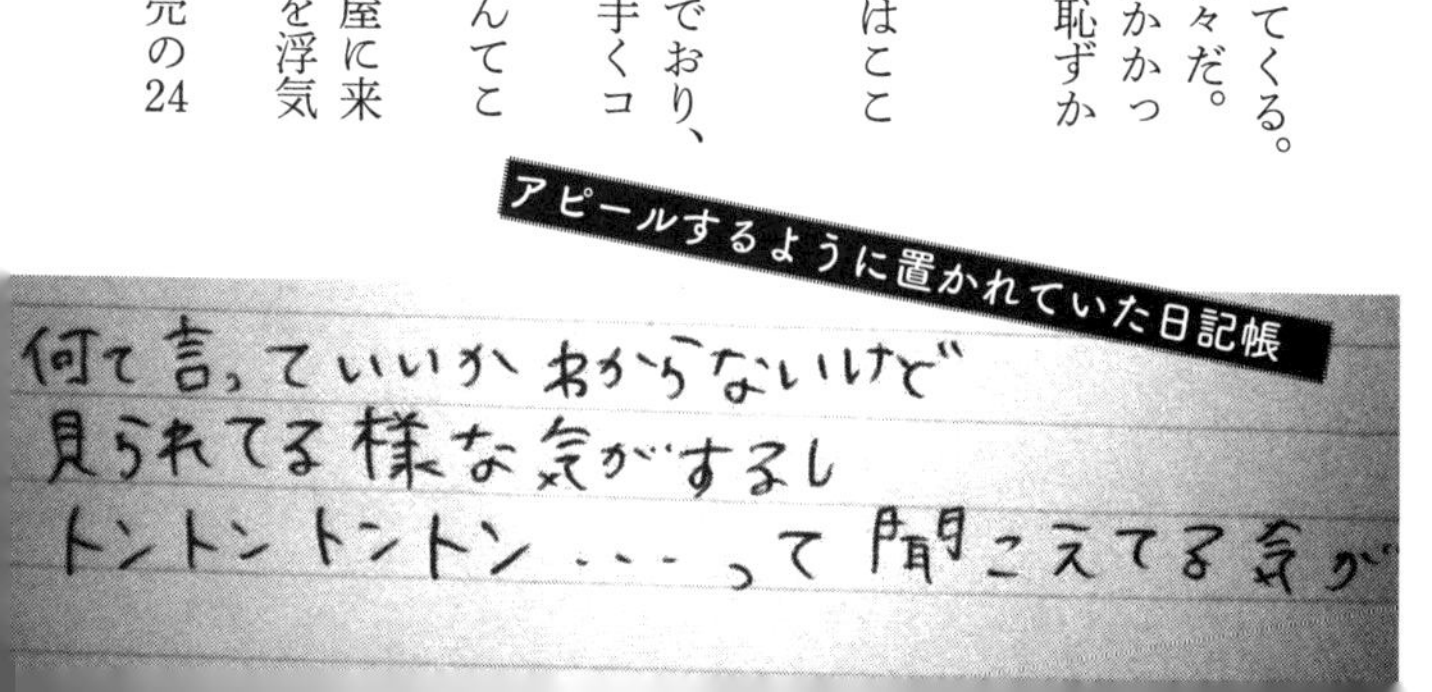
何て言っていいかわからないけど
見られてる様な気がするし
トントントントントントン…って聞こえてる気が
アピールするように置かれていた日記帳

第9話

事故物件ミステリー

順風満帆の妹を泊める

豊島マンション205号室

「あんな部屋誰だっておかしくなるよ」

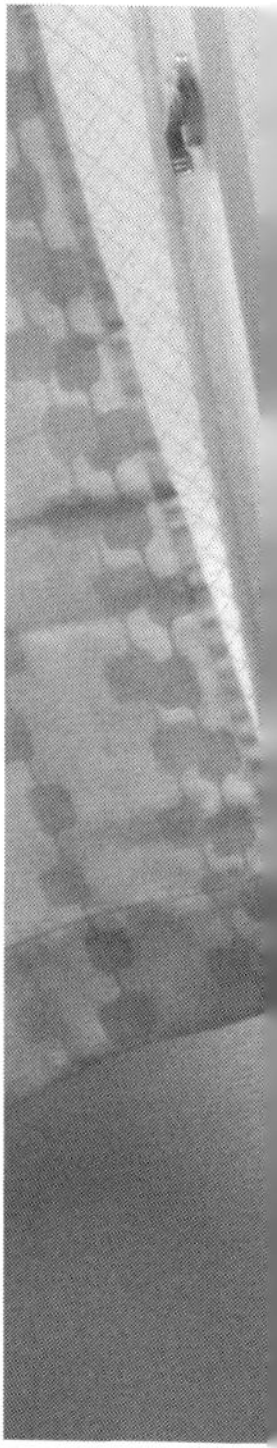

新婚早々に妻が浮気するなんて、そんな話は周囲で聞いたことがない。となるとやはり霊の仕業なのでは…。

オレは必死でそう思いこもうとしていた。決してオレ自身が悪いわけではないのだと。真由美が元カレにまだ惚れているわけではないのだと。

前号の発売日（２００９年11月24日）直前、オレは浮気疑惑を密告してくれた友人、A代から情報を得た。

「K太（真由美の元カレ）、これから真由美とゴハン食べるって言ってたよ。ナンギンのデニーズだって」

ナンギン。地元埼玉・大宮の「南銀座」のことだ。近くにカラオケやラブホがあるとこじゃねーか。

ソワソワしてきた。マジで浮気してたらどうしよう。オレは、会社をさぼってデニーズへ急行した。

午前11時。ガラス張りの店内を外からうかがう。真由美の姿はない。まだメシには早いか。駐車場にレンタカーを停め、連中が現れるのを待つ。来ないでくれ。いや、ここに来なければ、他のどこかに向かったことになるので余計に怖い。あぁ。

ふと、目の前をカップルが横切った。ひょろっとした男と、グレーのパーカーを羽織った女。他でもないオレの妻、真由美だ。オレに気づくことなく店内へ入っていく。

怒り心頭だが、ここで乗り込んでも浮気の証拠はつかめない。まだ泳がせておかないと。

1時間ほどで2人が店から出てきた。楽しそうな顔で車に乗り込んでやがる。尾行開始だ。どこへ向かうつもりだ。もう帰るんだよな、そうだよな真由美。

しかし、そんな願いをあざ笑うかのように、連中の車はラブホの駐車場へ入っていった。クロ確定だ。

こんなとき男は2タイプに分かれると聞く。女をなじるか、男を責めるか。

オレは2人ともボコボコに殴りまくった。

暴れ回ったせいか警察がやってきて、3人は署でとくとくと諭された。「そりゃ気持ちはわかるけど、あそこで喧嘩はよくないよ」と。

解放されて外の空気を吸ったとき、真由美がつぶやいた。

「だって、あんな部屋に住んでたら誰だっておかしくなるよ」

夜、オレは一人で205号室に帰った。

マンションの力は順調な人間にも及ぶのか

離婚はしないことにした。真由美の言い草だと、別にオレが嫌いなわけじゃないようだからだ。部屋が悪いんだよ、この205号室が。とりあえずは別居生活で様子見だ。

にしても、新婚さんに浮気させるとはとんでもない魔力を持った部屋だ。過去にはオレをウツにするし、元気な友人も行方不明にするし。

ならば、とオレは考えた。ノリにノッてる人間、妹の由佳を住ませたらどうなるのだろう。AV女優デビューした由佳は、DVDの売れゆきが好調らしく、金も持っている。向かうところ敵ナシの状態だ。豊島マンションの力は、あんな順調な人間にも及ぶのだろうか。

さっそく電話をかけた。

「なんか真由美とウマくいってなくてさ…できれば女のオマエに相談したいんだけど…」

「そうなの？　わかった、聞いてあげる」

「じゃあオレの部屋に来てくれるか？」

「オッケー」

あくる日、由佳は大きなバッグを持って現れた。中には犬が入っている。

「それ、どうしたの？」

普段のタローはほとんど鳴かないそうだ

「買ったの。寂しがりやさんだから、私と一緒じゃなきゃダメなんだ。ねっ、タロー？」

いま流行りのティーカッププードルで、30万もしたらしい。やっぱ、羽振りいいんだな。

部屋に入るや、そのタローがキャンキャンわめきだした。由佳があやしても鳴きやまない。

オマエ、なにか見えてるのか？

「慣れてないからだよ。大丈夫だよ、ね、タロー」

ちなみに妹は「裏モノ」を読んでいないので、この部屋のパワーについては何も知らない。

疑心暗鬼で実験が台無しになる恐れがあるので、教えない方がいいだろう。

犬が鳴く横でしばらくありきたりな相談事をしたあとで、オレは言った。

「もう遅いから泊まっていけよ」

「そうだね」

そのまま由佳はシャワーを浴びて布団に潜り込んだ。疲れていたのだろう、タローを抱きながらすぐに寝息を響かせている。強い女だ。

あの由佳が涙を流していた

妹は一泊だけで帰り、その後も特に連絡のないまま1週間が過ぎた。

しかし翌週の日曜。実家でテレビを見ていると、由佳が神妙な顔で戻ってきた。キッチンに

妹にお願いして撮らせてもらいました

座って、何か言いにくそうにしている。

「どうした？」

「あのね…デキたみたい」

オレと母は顔を見あわせた。デキたって、まさか…。

「8週目だって。カレの子」

なんだ、よかったじゃないか。これを機に結婚すりゃいいじゃん。

「よくないよ…。だって今の事務所との契約、まだ1年も残ってるんだよ？」

「契約？　そんなの破棄しちゃえよ」

「だって違約金を払わなくちゃいけないかもしんないし。しかもカレ、仕事してないでしょ？

産んでも育てられるか不安だし…」

めでたいことのはずなのに、由佳は泣いていた。あの順風満帆だったはずの由佳が、涙を流して泣いていた。

事故物件ミステリー

第10話 前の住人、香田に会いに

由佳は悩んだあげくに子供を産む決断を下した。心配されたAVプロダクションとの契約問題は、特にもめることもなく、すんなりと辞められたそうだ。

そして、彼氏と結婚することが決まった。つまり205号室に泊まった悪影響はなかったことになる。

しかし安心は続かなかった。2009年の暮れ、部屋で寝ているときに母親から電話が入った。

「どうした？」

「由佳ちゃんが、階段から落ちたって！　いま病院にいるみたい!!」

階段から!?　由佳は妊娠中だ。もしかしたらお腹の子も…。

病院にかけつけると、由佳は足に包帯を巻いて泣いていた。足を骨折したが妊娠中のため痛み止めの類は飲めないそうだ。赤ちゃんが無事だったのは何よりだけど、なんでもっと注意しないんだよ。

「なんかわからないけど足を滑らせて…よく覚えてないんだよね」

とりあえずお祓いには行かせておくか。赤ちゃんにまで何かあったら最悪だ。

宛先間違いの年賀状が1通

実家で正月を過ごした後で豊島マンションに戻ると、ドアポストに郵便物がはさまっていた。

年賀状だ。こちらからは1通も出してないのに、わざわざ送ってくるとはみんな律儀なもんだ。どれどれ、子供が生まれましただって。おめでたいこって。

そんな中に1枚だけ、宛先間違いのハガキが混じっていた。

〝香田●●様〟

はて。住所は確かにこの部屋宛てだ。てことは前の住人か。

確か以前、大家は言っていた。「前の人も眠れないとかで出て行ったよ」と。つまり香田はウツ病の先輩にあたるわけだ。この、ロクにメッセージもない、コンビニで買ったような年賀状をもらうあたり、交友関係のほどがぼんやりうかがえる。ウツの素養ありありだ。できれば直接会って、この部屋での体験を聞きたいところだが。

すぐ大家に電話した。

「あけましておめでとうございます。実はウチに香田さん宛ての年賀状が届いているんですけど、どうすればいいでしょう？」

「香田…ああ、前のね。いまどこにいるのかわからないので、破棄してもらって結構ですよ」

「香田さんもウツで退去していったんですよね？　どんな人なんですか？」

「普通のサラリーマンでしたよ。まぁすぐ出て行ったのであまり覚えてませんがね」

あいかわらず大家はその話題に触れたがらない。新住所を尋ねても「聞いてない」の一点張りだ。

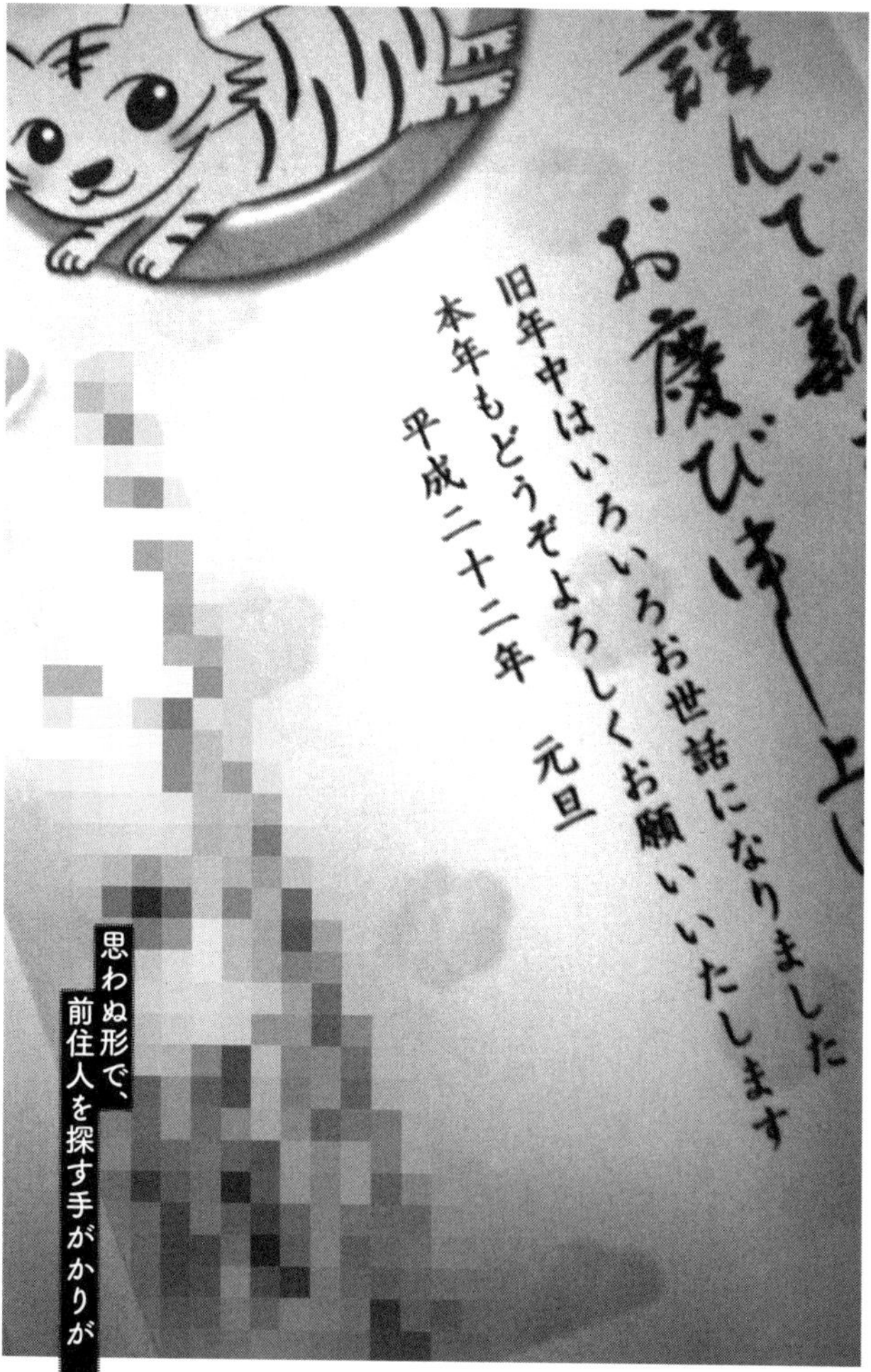
旧年中はいろいろお世話になりました
本年もどうぞよろしくお願いいたします
平成二十二年　元旦

思わぬ形で、前住人を探す手がかりが

香田の現住所は東京・文京区

では年賀状の差出人に電話で聞いてみよう。間違って送ってるくらいだから交流はさほどないだろうけども。

「はい、大槻です」

電話口に出た男性は、間違って届いた旨を告げると、ずいぶん恐縮してくれた。

「そうなんですか。引っ越したことを知らなくて。申し訳ないですね」

「いえいえ。今は香田さんとは連絡は取れるのでしょうか？」

「携帯電話は知らないなぁ。高校の部活の同級生でね、年賀状を出すくらいしか交流なくて」

今年の賀状はもらっていないので、最新の連絡先はわからないみたいだ。

困ったな。ここはウソをつくしかないか。

「実は部屋に香田さんが残していった家具がありまして、その件で連絡を取りたいんですよ」

「そうなんですか。もしかしたら周りに知ってるヤツがいるかもしれないから、聞いてみますよ」

数日後、連絡がきた。電話番号はわからなかったが、引っ越し先を知っている人間がいたという。住所は東京・文京区のアパートだ。

香田の部屋はランクダウンしていた。
いったいどんなヤツが…

家財道具を置いたまま行方をくらました

後楽園駅を降りて徒歩20分の住宅街に、件《くだん》のアパートは佇んでいた。外観は相当にボロい。豊島マンションよりも格下の物件だ。なんでよりによってこんなとこに引っ越すかね。ステップアップしろよ、香田！

問題の部屋は1階の一番奥にあった。表札は出ていないが、ここで間違いなかろう。

呼び鈴を鳴らす。応答はない。休日なのにどこ行ったんだ？

仕切り直して夜の9時に再び尋ねたが、まだ電気は点いてない。しかたないので隣の部屋に声をかけることにした。出てきたのは気の良さそうなおっちゃんだ。

「夜分申しわけありません。隣の部屋の方についてお伺いしたいのですが…」

「隣？」

「友達なんですけど、まだここに住んでるのかなと思って」

「あんた友達？ それなら管理の人に教えてあげてよ。どこにいるのか」

なんのこっちゃと思えば、なんと昨年の秋、香田は家財道具を置いたまま夜逃げのような形で行方をくらましたというのだ。

「あんときゃマイったよ。管理の人がゴミ片付けてね。そこんとこをゴキブリが這ったりして」

郵便物は何もなかった

部屋をゴミだらけにしたまま逃げるとは、ほとんど人生を捨てたヤツの行動だ。先輩、ヤバくないですか？　オレ自身の将来の姿を見せられてるみたいでイヤなんすけど。

「引っ越してきたときから変なヤツだったよ。挨拶をしても辛気くさい顔で無視しやがってさ」

おっちゃんの悪口は続いた。友達だなんてウソつかなきゃ良かった。

前住人に会うチャンスは、いとも簡単に消えた。幸せな暮らしをしてくれていればオレの気分も晴れただろうに。

第11話

事故物件ミステリー

異変は実家にまでやってきた

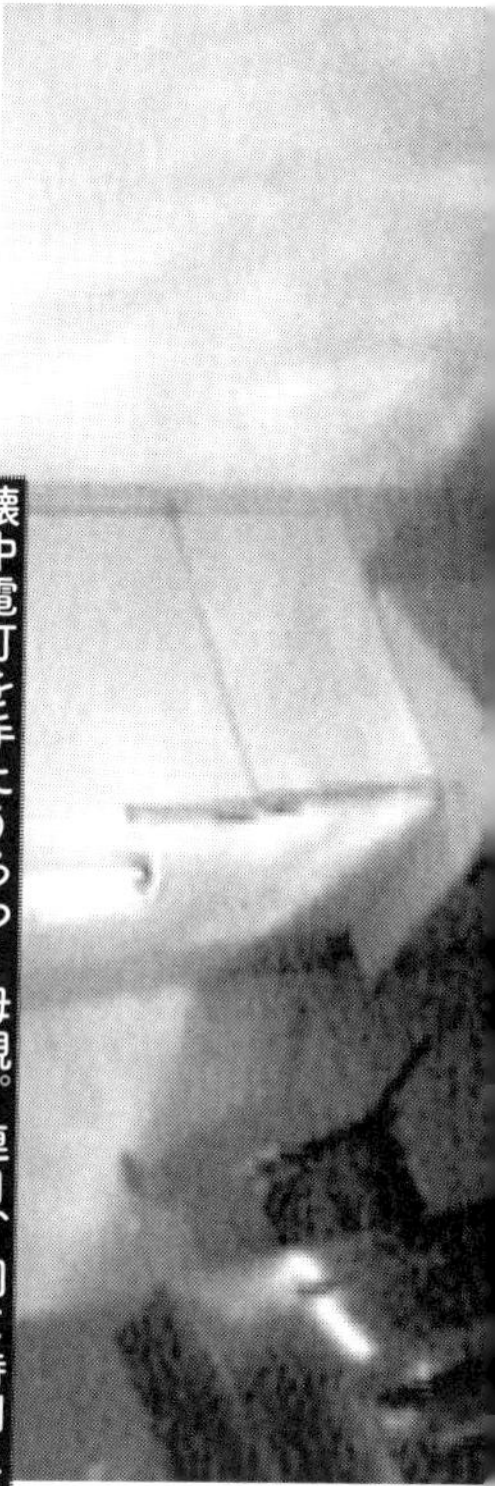

懐中電灯を手にうろつく母親。連日、同じ時刻に同じことが起きた

あんたが来るまでこんなことはなかった

前住人があんな状態で行方をくらませてたなんて……。オレ自身の行く末を見たようで、なんだかゾッとする。豊島マンションの呪いは、逃げても逃げても追いかけてくるのか？

そんな馬鹿馬鹿しいことを考えていた２０１０年2月の上旬、数日の間だけ実家に帰ることになった。浮気騒動でいろいろあった嫁とも今ではすっかり仲直りし、家族そろっての団らんだ。

夕食の後、部屋でまったり過ごすうちに、日頃の疲れからかウトウトしてきた。こんなに安心して眠れるのは久々だ。

ふと、周りの騒がしさにジャマされて目が覚めた。部屋は真っ暗。手探りで携帯を探すと、時計は23時を過ぎたところだ。

リビングに行くと、母親と嫁が大騒ぎしている。

「停電よ、停電よ」

まったく、女ってのはこれだから困る。んなもん、ブレーカー上げればいいだけだろ。

しかし、どういうわけかブレーカーは落ちていなかった。すべてのレバーが上がったままだ。

「どうしたらいいの、ヒロシ君」

母親は懐中電灯を持ってうろうろしている。うーん、困った。

5分ほどみんなであたふたするうち、いきなり電気が点いた。なんだよ。ワケわかんねー。

そして翌日、また同じことが起きた。時刻は23時を回ったころ。ブレーカーに異常はない。

ブレーカーには変化なし…

「また停電？　まったく、誰かのイタズラかね」

マンション外の配電盤をいじるヤツでもいるのだろうか。とんでもない嫌がらせだ。よし、明日は外で見張ってやる。

翌日、寒空の下、物陰に隠れながら犯人を待つうちに、時間は刻々と過ぎていった。時計は22時59分をさしている。もうすぐ予定時刻だが変わった様子はない。23時が過ぎた。ふぅ、今日は何事もなしか。家に戻ろう。

ところが、ドアを開けた瞬間、点いているはずの玄関の明かりはなく、暗闇の奥で母が懐中電灯を握っていた。

「ヒロシ君、またよ、また停電よ」

ブレーカーは落ちていない。しばらくすると、自然に明かりは戻った。

母親がイヤミがちにつぶやく。

「なんなのかしらね。あんたが泊まりに来

電力会社の人間にも原因はわからず

るまでこんなことはなかったのに」

嫌なことを言うおばちゃんだ。オレ、何もしてないぜ。

翌日、東京電力の担当者を呼んでチェックしてもらったが、彼は戸惑いながら言う。

「故障などの問題は見当たりません。こういった事例は今まで聞いたことがないです」

「例えば配電盤へのイタズラということは？」

「うーん。でしたらマンション全体の電気が落ちるはずですから。今の段階では原因不明としか言えないですね」

なんだよ。原因不明って。オレが豊島マンションの呪いを引きずってきたってのかよ。


「なんか後ろにいたよ、白いの！」


まるで冗談みたいな話なのだが、さらに翌日の昼にも不可思議なことが起きた。

オレには、すでに皆さんにお知らせしたAV女優の妹、高校生の弟以外に、さらに2人の弟妹がいるのだが（つまり5人兄弟）、その小学4年生の妹・美幸（仮名）が突然、叫んだのだ。

「うわ！」

あまりに大きな声で言うもんだからイスから転げ落ちそうになった。どうしたんだよ？

「なんか後ろにいたよ、白いの！」

白いの？　え、なに？　反射的に振り返ってみたが、ただ壁があるだけだ。

「動いたんだよ？　すぐになくなったけど…」

　オレがタバコを吸っている後ろに、白いモヤのようなものがかかり、1秒もたたないうちに消えたという。タバコの煙じゃないのか？

「違うよ。煙じゃないよ」

　そう言ったまま、美幸は黙りこくっている。おいおい、霊感とかそういうヤツなのかよ。勘弁だぜ。

「じゃあさ、見えた白いのってどんな感じだったのか、ちょっと絵で描いてくれよ」

「うん」

　クレヨンを持ってくると美幸はスラスラと描きだした。

「今もいるのか？」

この白いモノはいったい何なのか

美幸が一瞬こっちを見る。

「いないよ」

なんか怖いな。子供がウソつくとも思えないし。

完成間際の絵の右側には、不自然なスペースが残っている。美幸はそこに線を走らせ、雲のようなものを描いていった。伸びていく雲は次第にオレの頭上までやってきた。結構大きな雲だ。

「こんなカンジ…。下から出てきてお兄ちゃんの上まできてから消えたんだ」

ただ多感なだけだと思う。騒動中は眠っていたとはいえ、連日の停電騒動を聞いて、彼女の中にオバケ的なものの思い込みが生まれただけなのだと。にしてもオレの背後に現れたってのがヤな感じだけど。

それからというもの、不定期に停電が起こっているが、原因はいまだにわかっていない。

なぜ連れてこられたのか
不思議そうな美幸

事故物件ミステリー

小4の妹、美幸の奇行

豊島マンション205号室
第12話

「ここだよ、なんか書いてあるみたい」

小学4年生の妹、美幸の反応を見て、オレは名案を思いついてしまった。

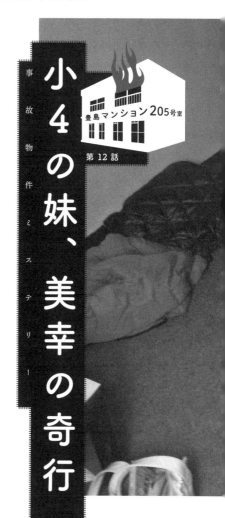

（こいつを豊島マンションに連れていったらどうなるんだろうか…）

まだガキとはいえ、オレの背後に霊の匂いを感じ取ったこいつなら、あの部屋の何かにも気づいてくれるかもしれない。こういうことって、むしろ子供のほうが敏感だとも言うしな。

2月下旬、日曜の午後、オレは面倒がる美幸を連れて豊島マンションへと向かった。もちろん、ヤツは205号室の狂気については何も知らない。

部屋に入ると、妹は黙って床に腰かけた。もともとおしゃべりな子ではないので、まあ普通のことだ。

「なんか飲むか？」

「うん」

コーラを渡すと笑顔になった。どうやら何も見えていないみたいだ。こいつもただの小学生か。落胆というか安心というか。

「この前、白いものが見えたとか言ってたけど、あれからまだ見えてるか？」

美幸はオレの目をまっすぐ見ながら答える。

「見えないよ」

「じゃあ見まちがいだったのかもしれないな」

「…わかんない」

一瞬、眉がピクンとあがった。見まちがいのはずがない、とでも言いたげに。なぜこんな場所に連れてこられたのかわかっていない妹は、じっと黙って部屋を見渡している。

そして、急に叫ぶように言った。

「あそこにあるのってなに？」

ここに白いものが見えるという

え、あそこ？

「なんか白くなってるよ、あれ」

指差したのは流し台の方向だった。過去にも数人が「何かイヤな感じがする」「なんかいそう」と指摘してきた場所だ。

「流しに白いのが見えるの？」

「その上の壁だよ、白いのが見えるよ」

美幸は立ちあがって壁の一部分を指し「ここだよ、なんか書いてあるみたい」と騒ぐ。なに言ってんだ？

「ちょっと前みたいに絵を描いてくれるか」

完成した絵には、白いシ

そんなシミはないはずなのだが…

ミのようなものが描かれていた。オレにはそんなもの見えないんだけど。

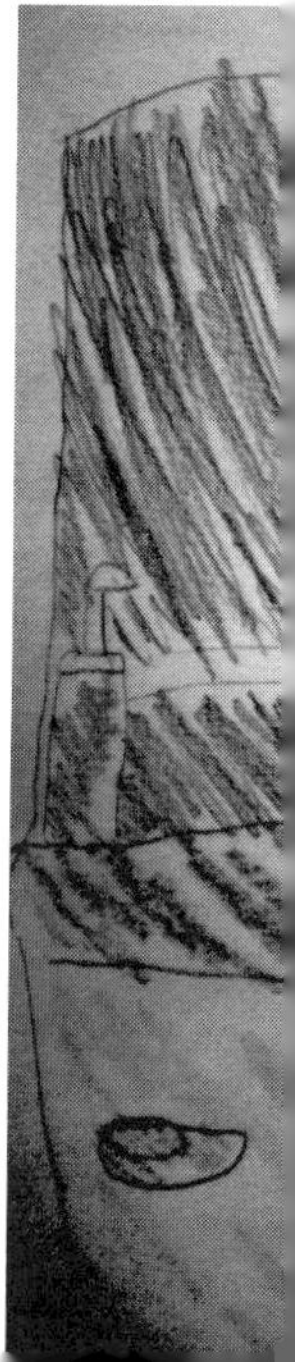

表で美幸がゴミを燃やしてたのよ

それから数日後、会社にいるオレの携帯に母親から電話が入った。どうせロクなことじゃないだろうけど出るしかない。

『どうした?』

『あのね、雄介が専門学校の試験に落ちちゃったよ!』

雄介は高校3年生の弟である。アネキがAV女優になったことにショックを受け、パッケージのコピーを実家に郵送してきたのは弟だ。ま、あいつはアホだから落ちてもおかしくないよ。

『まぁ、また来年頑張ればいいじゃん』

『それがね…受験票を美幸が燃やしたからなのよ』

背筋がゾクッとした。あのおとなしい美幸が受験票を燃やしただって?

その晩、オレはまっすぐ実家に戻った。母親は半泣きになりながら言う。

「こないだの月曜日、買い物から戻ったら、表で美幸がゴミを燃やしてたのよ」

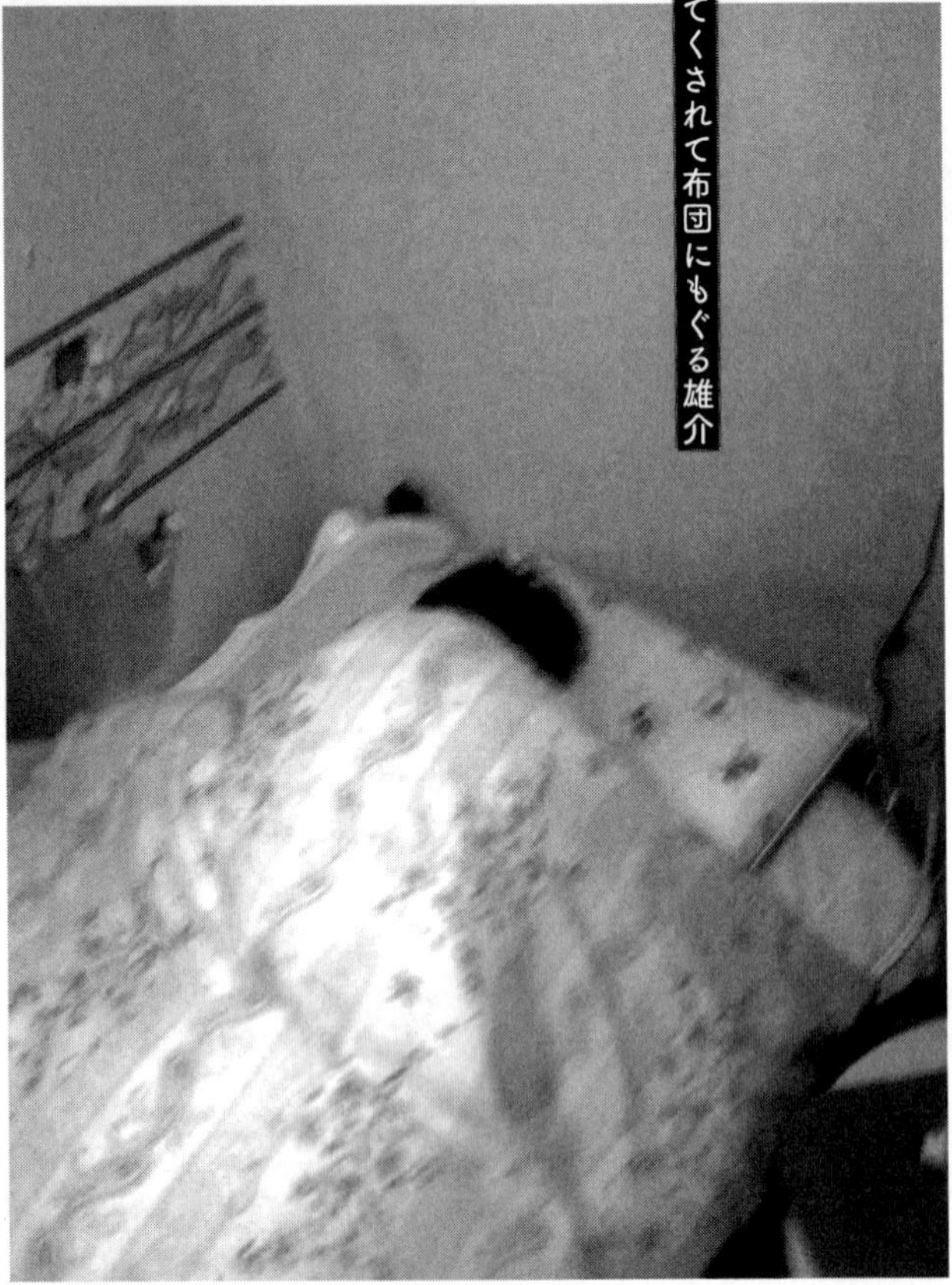

ふてくされて布団にもぐる雄介

マンション前のスペースでゴミ焼きなんて、ウチの習慣には当然ない。妹にとってもかつてない奇行だ。母親に見とがめられ、美幸は素直に家に戻った。

「その中に雄介の受験票も入ってたみたいなの」

さっぱりわからない。故意に燃やしたのか、それともゴミだと思ったのか。いや、なによりなんでゴミを燃やす必要があるんだ。

受験票がなくなったことに試験当日の朝に気づいた雄介は、再発行してもらえばいいものを、勝手にふてくされてあきらめてしまったのだそうだ。つまり落ちたのではなく、受けてすらいないのだ。

この一家はコントか。つい口元がゆるみそうになったが、ドタバタの原因をたどっていくと、このオレの責任のようにも思えてならない。だって美幸の奇行は、２０５号室に連れて行った翌日のことなのだから。

事故物件ミステリー

一家団らんに欠席した2人

第13話

豊島マンション205号室

鍋をつついて家族は一つになった

アンタの住んでる部屋ってなんか変なんじゃない？

美幸の奇行は家族を震撼させた。雄介はあれからしばらく部屋で寝てばかりで、プチ引きこもりのような状態らしい。母は母でショックを受けているのか、電話口でも元気がない。

週末、様子を見に行こうと実家に帰ると、家の空気はやはりどんよりとしていた。唯一変わりがないのは受験票を燃やした当人の美幸で、ケラケラ笑いながらテレビゲームで遊んでいる。

母がスタスタと駆けよってきた。

「美幸のコトなんだけど…」

「うん。最近は大丈夫なの？」

「あれからは特になにもないんだけどね」

そうか。まぁあの様子なら大丈夫なのだろう。ん、まだ何か言いたそうだけど何？

「あのさ、アンタの住んでる部屋ってなんか変なんじゃない？」

母はあの部屋の正体を知らない。なぜ気づいたんだ。

「だってオカシクない？　美幸が変になったの、アンタがあの部屋に連れて行ってからでしょ。それにアンタもウツ病になったし」

「うーん、ただの偶然だろ」

「絶対なんかあるよ。美幸も変なモノを見たって言ってたわよ」

流しの上の白いモヤのことだろう。美幸のヤツ、言っちゃったのか。

正直に205号室のことを打ち明ければ、母はオレを責めるだろう。家族のゴタゴタをすべてオレのせいにするに違いない。ここは知らんぷりをするのが正解だ。

「部屋は関係ないって。そんなに言うなら、みんなでワイワイ鍋でもやってみようか？　普通の部屋だってことがわかるよ」

ケムに巻くつもりで口走った台詞に、なぜか母は食いついてきた。

「お鍋ねぇ、最近してないからいいかもねぇ」

「は、マジで？」

「一度、部屋も見ておきたいし」


「何があっても皆で乗り越えていきましょ」


翌週、建部家の5人が205号室に揃った（AVを引退した由佳は欠席）。母、受験に失敗した雄介、受験票を燃やした美幸、そして嫁とオレ。引きこもりの弟までやってくるなんて、肉のチカラってのはスゴイ。

「どう？　普通の部屋だろ？」

いいお肉ねぇ
おいしいよ、兄ちゃん
来年は受かるぞ〜

「そうねぇ。狭いけど、別に普通ねぇ」

母はなにも感じていないみたいだ。鈍感でよかった。

しばらくして、嫁の支度した鍋が出来上がった。

「よし、今日の肉はオレが奮発して買ってきたんだからな。みんな、これ食って元気出してくれ」

「いただきまーす」

美幸がせっせと肉を貪り、雄介も少しずつ口に運んでいる。さすが、100グラムで700円もする肉だ。

「雄介、これからどうするんだ?」

受験に失敗した弟に声をかけてみる。

「うん、とりあえず1年働いて、来年また受けてみようと思う」

少し恥ずかしそうに雄介は答えた。隣に座っている美幸が箸を置く。

「ごめんなさい」

「別に大丈夫だよ。気にしてないから」

そう言って、雄介は美幸の皿に肉を取り分けてあげている。

「母さんも、もうあんまり気にするなよ」

「ワタシは何も気にしてないわよ。まぁこれから何があっても皆で乗り越えていきましょ」

みんな「なんだよそれ」などと言いながら楽しそうだ。

よかった。久しぶりの団らんで、家族が一つになっていく。205号室の霊も、こんな姿を見せられりゃ手出しできないだろう。

沖縄行きのために金をダマし取った

今までの連載の流れならば、次にオカシクなるのは母親の番である。あの部屋に足を踏み入れた者は必ず精神に異常を来すはずなのだから。

しかし異変は意外なところで起きた。

鍋の数日後、AVを引退した由佳から電話があった。

「お兄ちゃん、健輔クンどこにいるか知らない？」

まだ連載には登場していない家族、次男の健輔と連絡をとりたいらしい。んなもん電話すりゃいいだけだろ。

「つながらないのよ。使われてませんって」

ヤツは不動産屋で働きながら、高田馬場で一人暮らしをしている。部屋に行けばいるはずだが。

「でも場所知らないし。お金返してほしいんだけどどうしよう…」

なんでもつい先日、健輔から電話があり、飲酒運転で罰金を払わなければならなくなったので50万円貸してくれと頼まれたという。AV出演であぶく銭を持ってる由佳は言われるまま振り込んでやったのだが、今になってやっぱり返してほしくなったのだそうだ。

「もうちょっと待ってやれよ、家族なんだし」

「そうだけど、なんで電話つながらないんだろ…」

確かにオカシイ。借りるだけ借りて携帯を解約するなんて、まるで振り込め詐欺じゃないか。

しょうがないのでオレは健輔の勤務先に連絡してみた。

「もしもし、建部健輔の兄なんですが」

「ああ、はい」

「あの、本人おりますか？」

「いえ、先週、退社しましたが」

は？　退社？　聞いてねーよ、そんなこと。

「えっと、ということは居場所は…」

「詳しくは聞いてないのですが、同僚には、お金が貯まったから沖縄に住むと言ってたそうです」

体が固まった。金が貯まったから沖縄だと？　この状況、どう考えても、沖縄行きのために妹から金をダマし取ったとしか思えないじゃないか。同じ建部家の一員なのに何やってやがんだ…。

せっかく一家団らんの鍋で結束したはずなのに、参加しなかった2人に危害が及ぶだなんて。霊よ、オレを混乱させないでくれ。

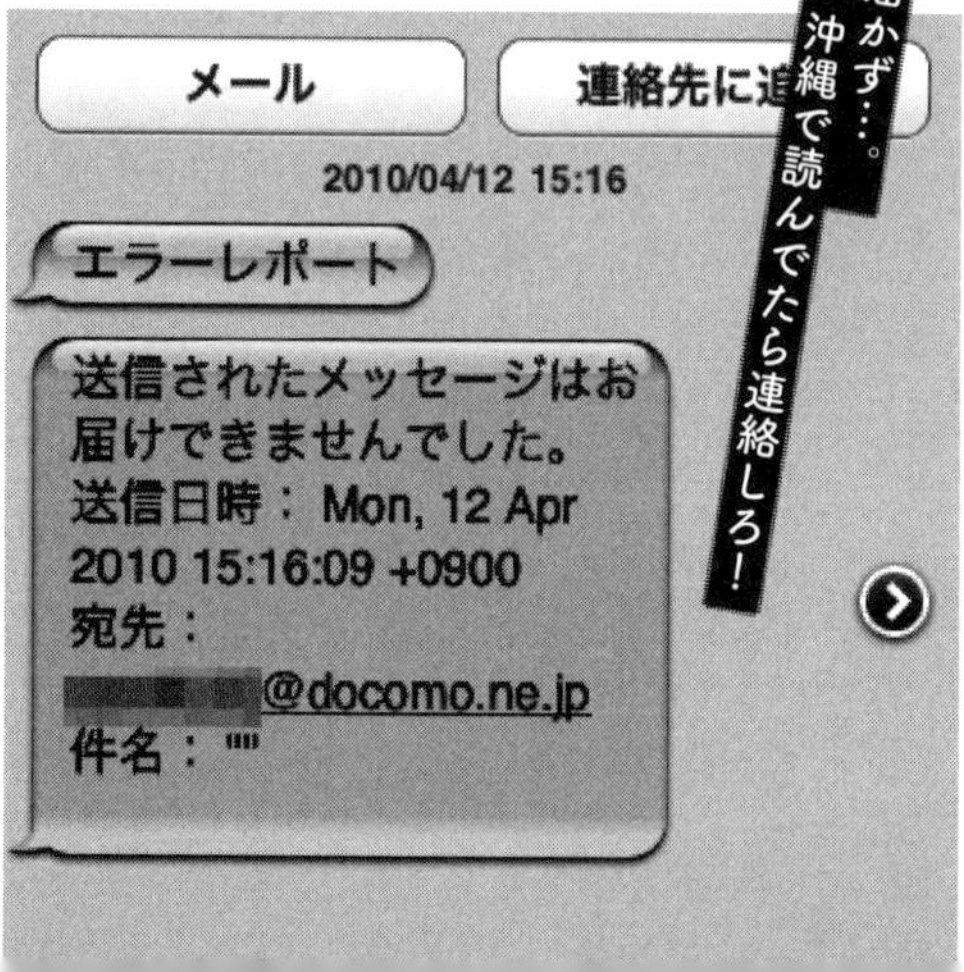
メールも届かず…。
健輔、沖縄で読んでたら連絡しろ！
メール
2010/04/12 15:16
エラーレポート
送信されたメッセージはお届けできませんでした。
送信日時： Mon, 12 Apr 2010 15:16:09 +0900
宛先：
@docomo.ne.jp
件名： ""

事故物件ミステリー

義母の出会いを邪魔するもの

豊島マンション205号室

第14話

私もまだまだ女なのね〜

あまりにプライベートな事柄なのであえて触れてこなかったが、ひょっとして今後の連載にも影響があるかもしれないので、ここで報告しておきたい。

子供ができた。もう妊娠5カ月になる。嫁の浮気や別居など色々と問題はあったが、ちゃんとオレの子だ（と思いたい）。

そんな素敵な状況に浮かれていた2010年4月下旬、突然オレの携帯に義母（嫁の母親）から着信が入った。

「お久しぶり。いま大丈夫？」

「あ、こんにちは。どうしました？」

「実はね、ちょっと相談したいことがあるの。電話じゃなんだから、今度の休みの日にでも、ウチに来てもらえる？」

嫁の母・昌子は今年で50歳。10年ほど前に離婚をし、今は1人で埼玉県に住んでいる（ときどき義父とも会ってる）。嫁はしょっちゅう実家に戻って仲良くやってるようだが、オレとは半年ほど顔を合わせていない。

相談ってなんだろ。カネ貸して、なんて言われても乗ってあげられないぞ。

結婚パーティのときの義母（右端）。左は離婚した義父

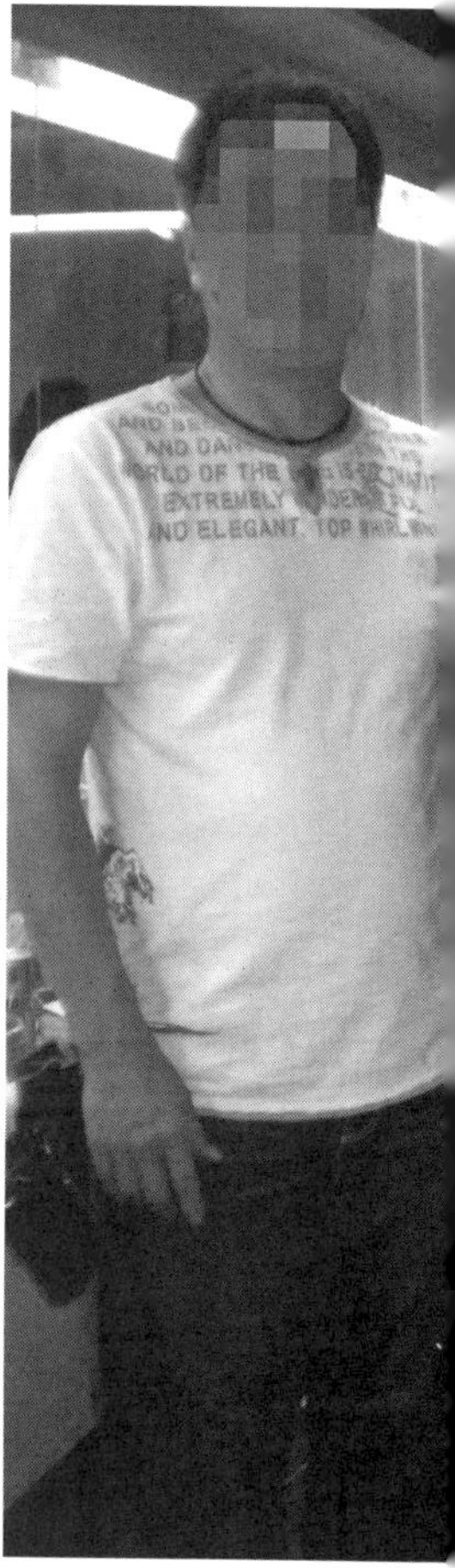

次の休日、オレはドキドキしながら嫁の真由美とともに義母の家に向かった。

「いらっしゃい。悪いわね、急に来てもらって。それで、さっそくなんだけど…」

彼女はお茶菓子を用意しながらニコニコしている。悪い話じゃなさそうだ。

「あの、知ってると思うけど、グリーってあるでしょ？」

「グリー？　携帯サイトのですよね？」

「そうそう、それ。ワタシあれに登録したのよ」

年甲斐もなく携帯ゲームですか。登録したはいいものの、遊び方がわからないんだな。どれどれ、教えてあげますよ。

「違うわよ。グリーで男の人からメールが来て、会ってみようと思ってるの」

「ええっ!?」

オレと嫁は顔を見合わせた。男と会うだって!?

「毎日メールしてるんだけど、時間があえば会いたいって言われたのよ。ワタシもまだまだ女なのね～」

嫁は顔を真っ赤にしている。

「お母さん、なに言ってんのよ。そんな男アブナイよ！」

「そ、そうですよ。どんな人かわからないし、やめておいたほうがいいんじゃ…」

止めるのは当然である。50歳にもなって何してんだか。だいいち、グリーで熟女をひっかけようなんて男、ろくなもんじゃないよ。

「でも話も合うし、マメでイイ人なのよ～」

義母が言うにはその男は38歳、つまりちょうどひと回りも年下だ。なんでも自称、小さい会社の社長らしい。

「そんなの、嘘かもしれないじゃん。ワタシは絶対に反対だから！」

嫁の強い言葉に義母は気圧され、黙り込んでしまった。うん、今回ばかりは嫁が正しい。

気まずい空気が流れた。その沈黙を破ったのは義母だ。

「…ところで博クン、あの記事はなんなの、幽霊マンションって」

ん？　なんですか急に。

「本、見たわよ。子供も産まれるんだからもっとちゃんとしたところを探しなさいよ」

「は、はぁ…」

「だいたいなんなの、幽霊なんかいるワケないじゃない。写真見たけど、汚い部屋だから運気が下がるのよ？　あんな部屋に住むなんて信じられないわ」

嫁の肩を持ったからなのか、するどい矛先を向けてくる。ちょっとちょっと、どうしたらいいんだよオレ。

これ以上機嫌を損ねるのはめんどくさい。ここはやっぱ義母側についておくのが正解かも。

「すいません…。まぁ、真由美、お母さんもイイ人とめぐり合うチャンスかもしれないんだから、いいじゃん。な？」

「よくないよ」

「いや、でもお母さんにはお母さんの人生があるんだし、オレたちは応援すればいいじゃん」

「応援なんてできないって」

結局、話はまとまらず、ふてくされた2人を残して、オレはその場を後にした。

チラっと見えた義母の部屋には「裏

小汚い義母の部屋にあの本が…

モノJAPAN」の2月号が置いてあった。表紙には「いま、エッチ相手はグリーで探せ」の文字が。罪作りな雑誌だ。

言っていいことと悪いことがある

2010年5月の連休明け、仕事から帰ると嫁が血相を変えて近づいてきた。

「お母さん、電話しても出ないんだよ！」

「えっ？」

用事があって携帯を鳴らしたが、一向に出てくれないらしい。仕事で忙しいんじゃないの？

「絶対あのグリーの人になんかされたんだよ！」

あの日の後、2人はああだこうだ話し合ったらしいが、結局会う会わないは決まらぬままだったそうだ。独断でアポった可能性もなくはない。

試しにオレの携帯からもかけてみたが、やはり出ない。ちょっと心配かも。明日にでも家へ行ってみるか。

翌日の昼、2人して家のチャイムを鳴らすとしばらくして義母が顔を見せた。ほっ、大丈夫じゃん。

ただ、目の下に少しだけ隈が出てる。疲れてるみたいだ。

「こんにちは。遊びにきたんですけど大丈夫ですか？」

「…どうぞ」

この前の元気はどこに行ったのだろう。お茶も出さずリビングにたたずんでいる。

「お母さん、グリーの人とどうなったの？」

嫁の容赦ない突っ込みに義母は一瞬口ごもり、目をそらしながら言った。

「あの人ね…。会ったわよ」

げっ、会ったんだ。

「信じられない。それで？」

「別に、何もなかったのよ。変なこともされてないし。1時間くらいお茶して帰ったの」

まあ、50歳に変なことするヤツもそうそういないでしょう、失礼ですが。

義母は何度もため息をついている。期待したほどイイ男じゃなかったのかも。出会い系なんてそんなもんですって。

しかしどうも様子がオカシイ。

「でもそれから連絡取れなくてね…」

あんなに親しくメールしてたのに、会ったら急に冷たくなったと落ち込んでいるのだ。あの、それって、つまり、何と言うか…。

オレは言葉を呑み込んだ。義理の息子として言っていいことと悪いことがある。このケース、絶対に真実を伝えてはならない。

そこへ義母が携帯を差し出してきた。

「今朝やっとメールがきたの」

恐る恐る画面を覗き込む。

〝会おうと言ったけど会わないほうが良かった。少し想像と違っていました〟

さすがの嫁も、なにも言えなくなり黙っている。重い。部屋の空気があまりに重い。あー、なにか言わなきゃ、なにか…。

「まぁそんな男、ろくでもないだろうから良かったじゃないですか」

だがこれが裏目に出た。

「あのね、会うまではすごくイイ雰囲気だったのにこんな仕打ちなんてワタシだって辛いのよ。適当なコト言わないで」

「すいません…」


もはや豊島マンションとはなんら関係のない一件である。なぜ当連載にこんなヨタ話を記すのか、自分でも説明に苦しむ。

しかしここは敢えて、あの浮かれていた義母がここまで落ち込むに至った過程での、ある発言に注目したい。


――汚い部屋だから運気が下がるのよ？　あんな部屋に住むなんて信じられないわ――

義母はあの部屋の霊を怒らせてしまったのだ。順調だった新しい出会いを邪魔したのは205号室の呪いなのだ。

んなワケない、と断言できないのがこのマンションの怖いところである。

事故物件ミステリー

ヒモ自慢をしていた義父が…

豊島マンション205号室

第15話

「お前の部屋に行ってみたいんだよ」

先月号の記事はマズかった。いくらなんでも義母の恥部までをこんな雑誌に載せるなんてよくなかったのだ。

発売日の直後から、オレの携帯に、義父・良勝からの着信が鳴り続けた。怖くて出ずにいると、

「チッ、折り返してくれ!」と、イライラした声が留守電に残っている。あ〜あ、絶対バレてるよ。離婚したとはいえ、ときどきは食事などもする仲の元夫婦。自分の元妻が他の男に走る姿を見せられ、頭にきてるんだろう。

さすがに無視し続けるわけにもいかず、オレは心苦しそうな演技をかまして電話をかけた。

「もしもし…ヒロシです、すいません」

「おう、お前のトコの本読んだけどよ、やり過ぎじゃねーの?」

義理の息子をお前呼ばわりするクセは、結婚前に挨拶をしに行ったときから一貫して変わっていない。

「すいません…」

「昌子は出会い系の男と本当に会ったのか?」

「えっと…その…出会い系じゃなくてグリーっていう…」

「どっちでもいいよ。会ったのか?」

「…はい」

沈黙ができた。やはりショックを受けてるようだ。それなら離婚なんかしなきゃいいのに。

しかしすぐに怒りはおさまり、話はあらぬ方向に進んでいく。

「昌子を出すのはマズイだろ。オレなら出てやってもいいけどな」

え、どういう意味ですか?

「だから、お前の部屋ってなにか変なコトになるんだろ? ちょっと行ってみたいんだよ」

あの妻にしてこの夫ありか。オレは相当おかしな人々に囲まれているようだ。今さらだけど。

「付き合ってる女がよ、スゲー金持ちなんだよ」

ドンドンドン！

2010年6月上旬の土曜日、うるさいノック音でオレは目を覚ました。時刻は朝の8時、ドアの外にいたのは義父だ。

「あ、おはようございます…。早いですね」

「おう、あがらせてもらうぞ」

急いで布団をたたみ、お茶を出す。なんだか気まずいなぁ。

「汚いけど、普通の部屋だな」

義父はキョロキョロしながら、しきりに「普通だなぁ」と言っている。

「お前はさ、女遊びはしないのか？」

「いやいや、しないですよ」

万が一していたとしても、嫁の父親にそんなこと言えるはずがない。

しかしその問いかけは娘への心配から出たものではなく、自分が自慢するためのキッカケ作りだったようだ。

「半年前から付き合ってる女がよ、スゲー金持ちなんだよ」

「出会い系の女が金持ちでな」

205号室で自慢話に花を咲かせる義父。

「へー。うらやましいですね」

「だろ？　服とかも買ってくれるしよ。このTシャツも、ほら」

なんでも、その女とやらはハワイ旅行を全額出してくれたり、メシを奢ってくれたりするらしい。年齢は50歳、出会い系で知り合ったそうだ。あんたも出会い系やってんじゃん…。

「こんなこと言うのもなんだけど、ヒモみたいなもんだな。ガハハ」

しばらく「買ってもらった自慢」を続けた義父は、お前も頑張れよと謎のエールを残して帰っていった。

娘と一緒に取り立てに

その1週間後、嫁の真由美の携帯に1通のメールが入った。

「え、なにコレ？　どういうことかな」

嫁は不思議そうな顔をしながら画面を見せてくる。

「誰これ？」

「お父さんの彼女だよ！」

えっ、あのなんでも買ってくれるって女か！　で、なんでその女からお前にメールが来るんだよ。

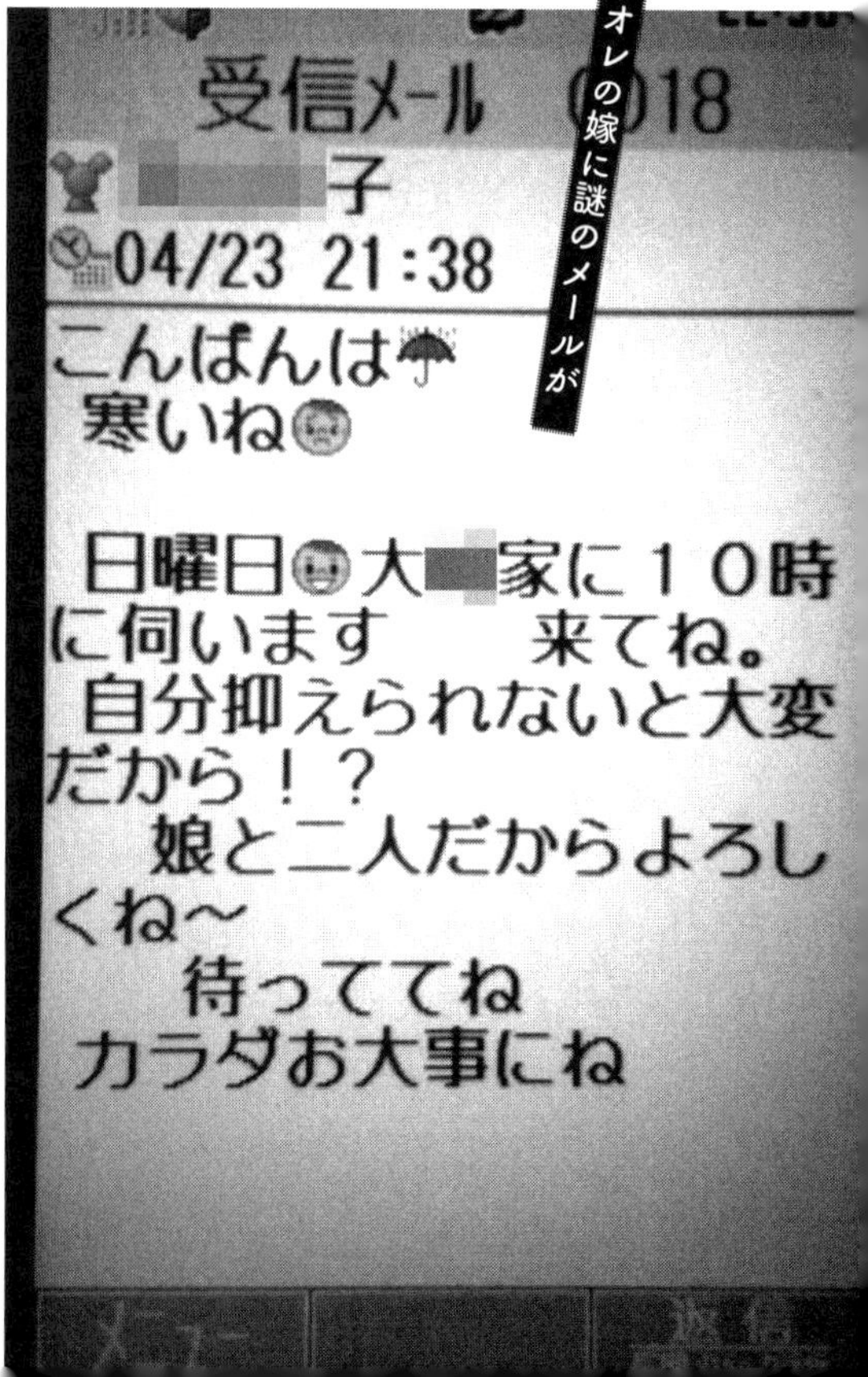
受信メール　018
[redacted]子
04/23 21:38
こんばんは
寒いね
日曜日 大[redacted]家に１０時に伺います　来てね。
自分抑えられないと大変だから！？
娘と二人だからよろしくね～
待っててね
カラダお大事にね
義父の女から、オレの嫁に謎のメールが

「前に洋服を買いに連れてってもらって、そのときに連絡先交換したんだけど…」

ったく、どういう関係なんだよ。お前は自分の母親に悪いと思わないのか。

まあいい、問題はこのメールだ。

大●家とは義父の家のことだ。そこに金持ち女が娘を連れて行くと。で、嫁にも一緒に来て欲しいと。どういうことだ？

「自分抑えられないと大変ってどういう意味かな」

腑に落ちぬ様子で、嫁が義父に電話をかけた。

「あ、お父さん。そう、涼子さんからメールがきて…え、別れたの!?」

別れた!? まさか。ちょっと代わって!

「あ、ボクです。どうして別れたんですか？」

「ああ、まぁいいだろ」

「でも…家に来るってどういうことですか？」

「真由美に代わってくれ」

「いつ別れたんですか？」

「うるせー。いいから真由美に代われ」

携帯を奪い取った真由美は、それからずいぶん長話をしてから電話を切った。

「どういうことだったの？」

「あのね…」

嫁がため息まじりに語った話は、豊島マンションの魔力を認めざるを得ない内容だった。

3日ほど前、義父はいつものように居酒屋の会計を女に任せようとした。すると彼女がヒステリーを起こした。なんでいつもワタシが払わなきゃいけないのか、今まで払ったぶんも返して、と。

どうやら以前から彼女の娘（20代らしい）が「なぜあんな人に貢ぐのか」と文句を垂らしていたそうで、そのへんの圧力もあって本人の我慢も沸点に達したようだ。

話はこじれ、女は娘と共に義父の家に取り立てに来ようとしている。さらには真由美からも洋服代を返してもらうと息巻いているのだと。

真意を知ってからあらためてメールを読み返せば、体への気遣いや絵文字がかえって怖い。こんな遠回しな取り立て文章もそうそうないだろう。

日曜日の会合の結果、真由美は返済をまぬがれ、義父はとりあえず10万円を、そして今後は毎月3万円ずつ返し続けることでまとまったという。

「ヒロシの部屋に行ったからだって、ずっと怒ってたよ」

そうかもしれない。でも本人が自ら望んでやってきたのだから、オレに責任はないと思うのだが。

さよなら豊島マンション。こんにちは春日部コート

事故物件ミステリー

第16話

次の部屋もワケ有りマンションに

当連載で報告した嫁の妊娠だが、お腹にいる子はただいま7カ月で、性別は女の子と判明した。出産予定日は2010年10月中旬だ。

さすがに色々と考えさせられる。現在は義母の家に居候しながらときどき豊島マンションで暮らす日々だが、子供ができればこの生活ではいけないだろう。子供の顔は毎日見たいし、かといって義母に孫の世話をまかせるのも気が引ける。

やはり親子3人で暮らす新居が必要だ。豊島マンションなんぞにかかずりあってる場合じゃない。個人的な事情で申し訳ないがこれにて連載も終了か…。

と、いったんは考えたのだが、はたしてそんなことでいいのかとの疑問も沸いてきた。子供ができたぐらいで仕事を放棄するのはいかがなものか。

しばし悩んだ末、オレは結論を出した。

――次も心霊マンションを借りればいいのだ――

単純なことである。なにも幽霊物件は豊島マンションだけじゃない。3人で住める広さがあって、それでいていわく付きの部屋を借りれば、連載は継続できるじゃないか（タイトルは変わるだろうが）。しかもこれまでどおり、編集部から家賃補助も出るだろうし。

我ながら名案だ。ただし嫁は納得しないだろうから、真意は伏せておかねば。オレはごく自然に新居探しを提案し、「お前妊娠してるから、オレが探すよ」と、単独で不動産屋巡りを開始した。希望地は嫁の実家、埼玉県春日部市近辺だ。

夫婦と小学生の子供が一家心中したんですよ

家族3人で住むとなると最低でも2LDKは欲しい。家賃は半分補助してもらえるので10万円ぐらいまでか。

以上の条件を満たす、春日部近辺のワケ有り物件は3つに絞られた。

①住人が駐車場で殺害された3LDK
②20代男性会社員が自殺した2LDK
③一家心中があった4DK

当連載の主旨から考えると、①の物件は少し違うように思う。亡くなった方には失礼だが、突発的な殺人なので部屋自体に対する〝怨念〟みたいなものはなさそうだからだ。

②と③は「その部屋で人間が無念を残して死んだ」点で共通している。ならば広い方の③にしたいところだ。

③の物件に関して、不動産屋はこう説明した。

「夫婦と小学生の子供が2人、一家心中したんですよ。理由はわからないんですがね」

「……。それはどのくらい前の話なんですか？」

「1年半くらいですかね。それからは誰も住んでません」

かなりおっかない。4人分の怨念が詰まっているなんて、豊島マンションどころの騒ぎではないんじゃないか。

ただ、家賃は5万2千円とかなり安い。半分出してもらえば2万6千円で4DKに住めることになる。ちなみに他の同タイプの部屋は7万5千円だそうだ。

一家心中。でも4DKで2万6千円。オレの腹は決まった。

翌週、一家心中の件は内緒にして、嫁の真由美を連れて内見に向かった。春日部駅から徒歩7分、現れたのはキレイで巨大なマンションだ。マンション名、「春日部コート（仮名）」、ぜんぶでおよそ80世帯の大規模マンションだ。

「スゴーイ！　いい感じだね」

真由美が耳打ちをしてくる。確かに外観はキレイだ。オートロックなので防犯も安心だろう。

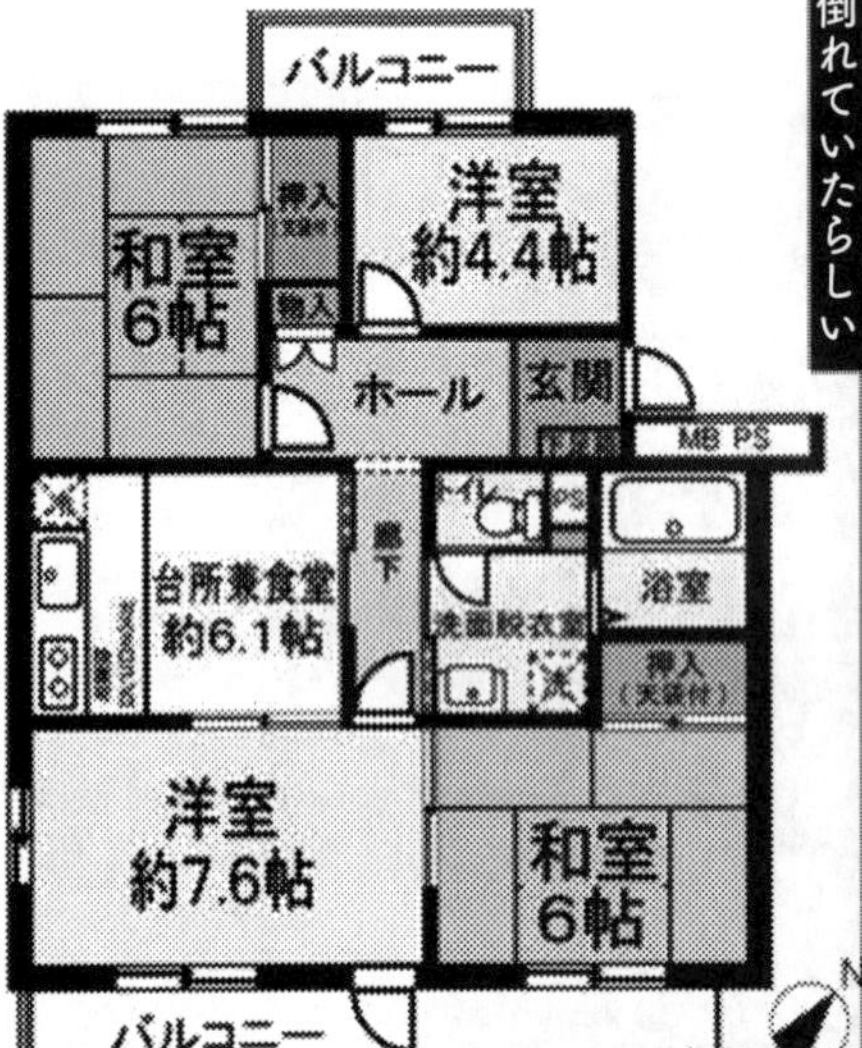

新居の間取り。右下の和室で一家4人が重なり合うように倒れていたらしい

目当ての508号室に入ると、中はキレイに片付いており、すぐにでも住める状態になっていた。

「ね、ここに決めよ？　寝室はここで、子供部屋はあっちにして…」

日当たりもいいし、不気味な感じはどこにもない。よし、ここに決めよう。

義母は元気に。これも引っ越したおかげ

1年3カ月住んだ豊島マンションを出る日がやってきた。

思えばオレはここで拍子木の音を聞き、ウツ病になり、家族や友人に〝呪い〟による迷惑をかけてきた。そんな最低最悪の部屋でも、いざ離れるとなると寂しく感じるのは、ここでの日日が異常に濃かったせいだろう。

雑誌や洋服を整理するうちに、窓の外ではいつの間にか雨音が響いている。この部屋との別れにはふさわしい淀んだ空気だ。荷物をあらかた運び出し、盛り塩を捨て、掃除を済ます。狭いはずの部屋が少し広くなったように見えた。

オレはこんな部屋に今まで振り回されてきたんだ。いや、オレだけじゃない。この部屋はオレを除いて過去4人もの居住者をウツ病へと追いこんできた。次にこの部屋に住む人は、いったいどんな呪いを受けるのだろうか。

豊島マンションとはお別れだ。お世話になりました

(お世話になりました)

支度を終えたオレは、ガランとした部屋に向かってお辞儀をした。さよなら、豊島マンション。

春日部コートへの引っ越しを済ませた翌日、車で5分の距離に住む義母・昌子がやってきた。グリーで会った男にフラれた事件以来、顔をあわせるのは2カ月ぶりだ。

「あら、いい部屋じゃないの。私もココに住んじゃおうかしら」

ずいぶん上機嫌な義母は、せっかくだからと夕飯を食べていくことになった。真由美が支度をしている間、リビングで二人になり、非常に気まずい。テレビを無言で眺める時間が続く。

「もう〜、博クン、足くらい崩しなさい、自分の家なんだから」

「あ、ハイ…」

「ワタシ、いま順調なのよ」

唐突に意味深な笑みを浮かべる義母。なんだ、その顔は。

「ひょっとしてグリーの相手と付き合ってんですか？」

「そう。でも前の人じゃないわよ。こないだまた別の人と会って、お友達になったの。会社が近くて、仕事帰りにゴハンに行ったりもしているのよ？　すごくカッコよくてね…」

義母はグリーで見つけた新しい男がいかに素晴らしいかを楽しそうにしゃべっている。途中からは出来あがった夕食を持ってきた真由美もそれに参加し、広い部屋に二人の声が楽しそうに響いている。

ザ・幸せ。これも豊島マンションを引き払ったおかげなのかも。


「真由美が救急車で運ばれたって！」

新しい生活がはじまり、真由美と過ごす時間が格段に増えた。いままでは豊島マンションと二人の実家を行き来していたので、二人っきりになることはほとんどなかったのだ。

異変は起きなかった。変な物音もしないし、ウツにもならない。一家心中、恐るるに足らずだ。

その日、7月6日、いつもどおりオレは家を出た。

「いってらっしゃい。帰りは遅いの?」

「今日は打ち合わせがあるから少し遅くなるよ」

「早く帰ってきてね、ハンバーグ作って待ってるから」

新居のドアにはいつの間にか、二人の名前が入った手作りの表札がかけられている。真由美が用意したものだ。いかにも新婚っぽくて照れくさい。でも悪くない。

その日の夜遅く、携帯に義母から電話があった。はて? またグリー男にフラれたか?

「もしもし」

「ヒロシ君! 真由美が救急車で運ばれたって! 急いで帰ってきて! 病院は春日部市の…」

救急車、病院…。真由美が?

容態は? お腹の子供は? パニックになって質問攻めするも、義母も混乱していて要領を得ない。とにかく急いで病院に行かないと。

1時間後、病院に到着すると、義母が待合室で座っていた。

「お義母さん、真由美は!?」

「大丈夫、子供に影響はないって」

よかった。でも真由美は? 病室には点滴を繋がれた彼女が寝ていた。目は真っ赤に腫れてるが、怪我の様子はない。

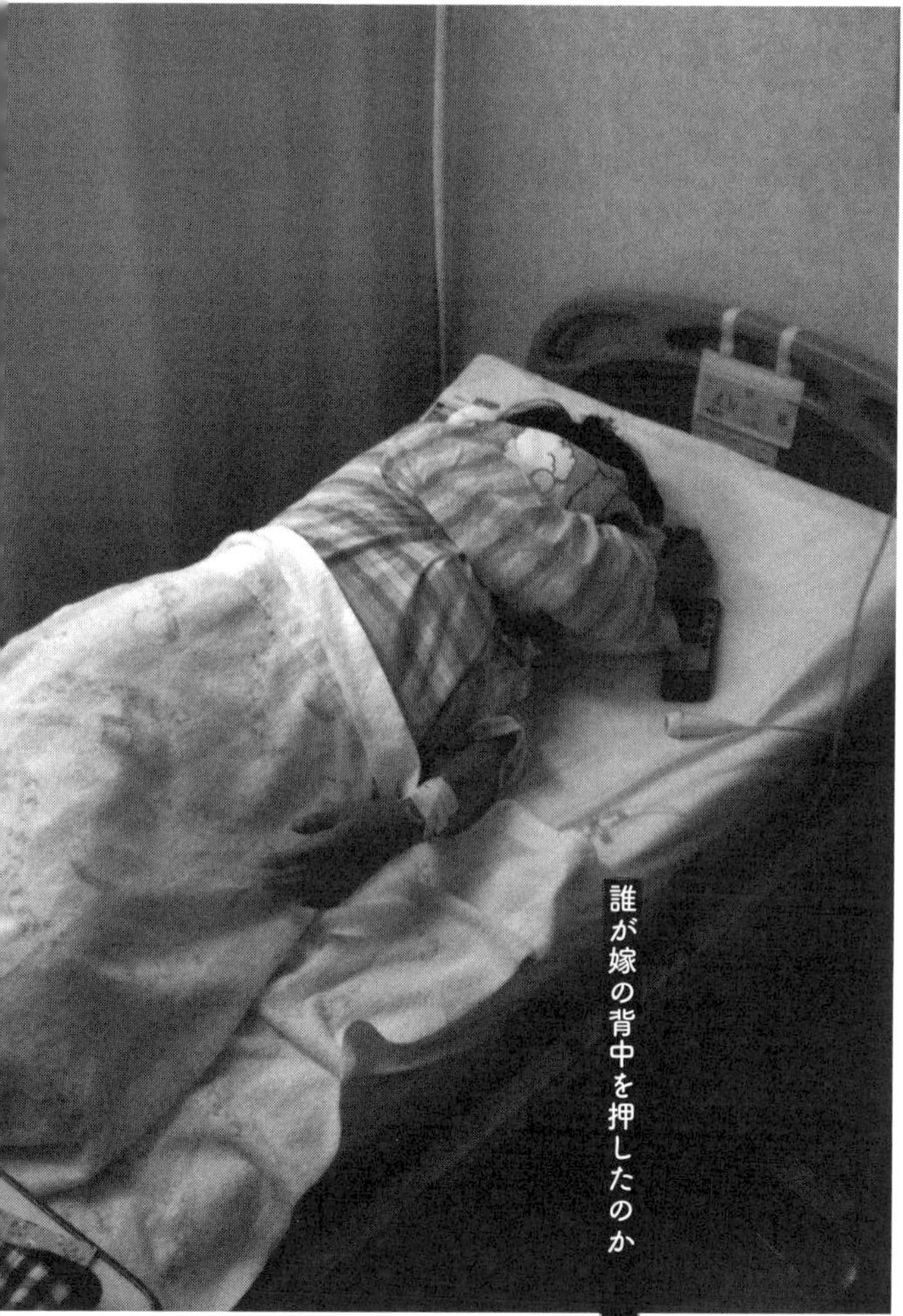

誰が嫁の背中を押したのか

「駅の階段で転んじゃって…でも赤ちゃんは大丈夫だって」

　力のない声で真由美は言う。

「何があったの？」

「転んだって…。怪我はない？」

「うん。お腹と腰が痛かったから救急車呼んでもらったんだけど、念のため入院することになっちゃった」

　医師からは万が一のために病院で安静にするよう言われたそうだ。でもなんで転んだりなんかしたんだよ。

「それなんだけどさ…誰かに押されたんだよ」

　押された？

「さっき警察の人にも言ったんだけど、そんなに混んでる時間じゃないし、足を踏み外したんだろうって信じてくれなくて…」

　転んだのは21時を過ぎたころ。確かにそこまでは混んでない時間帯だ。でも真由美は確かに背中を押されたと言い張る。

　イヤな考えが頭をよぎる。春日部コート５０８号室の前住人は、幸せになりたくてなれなかった家族だ。そしていま住んでいるのは、まさに幸せな家庭を作ろうとしているオレたち。

　霊の嫉妬。はたしてそんなものがあるのだろうか。

第二章 春日部コート508号室

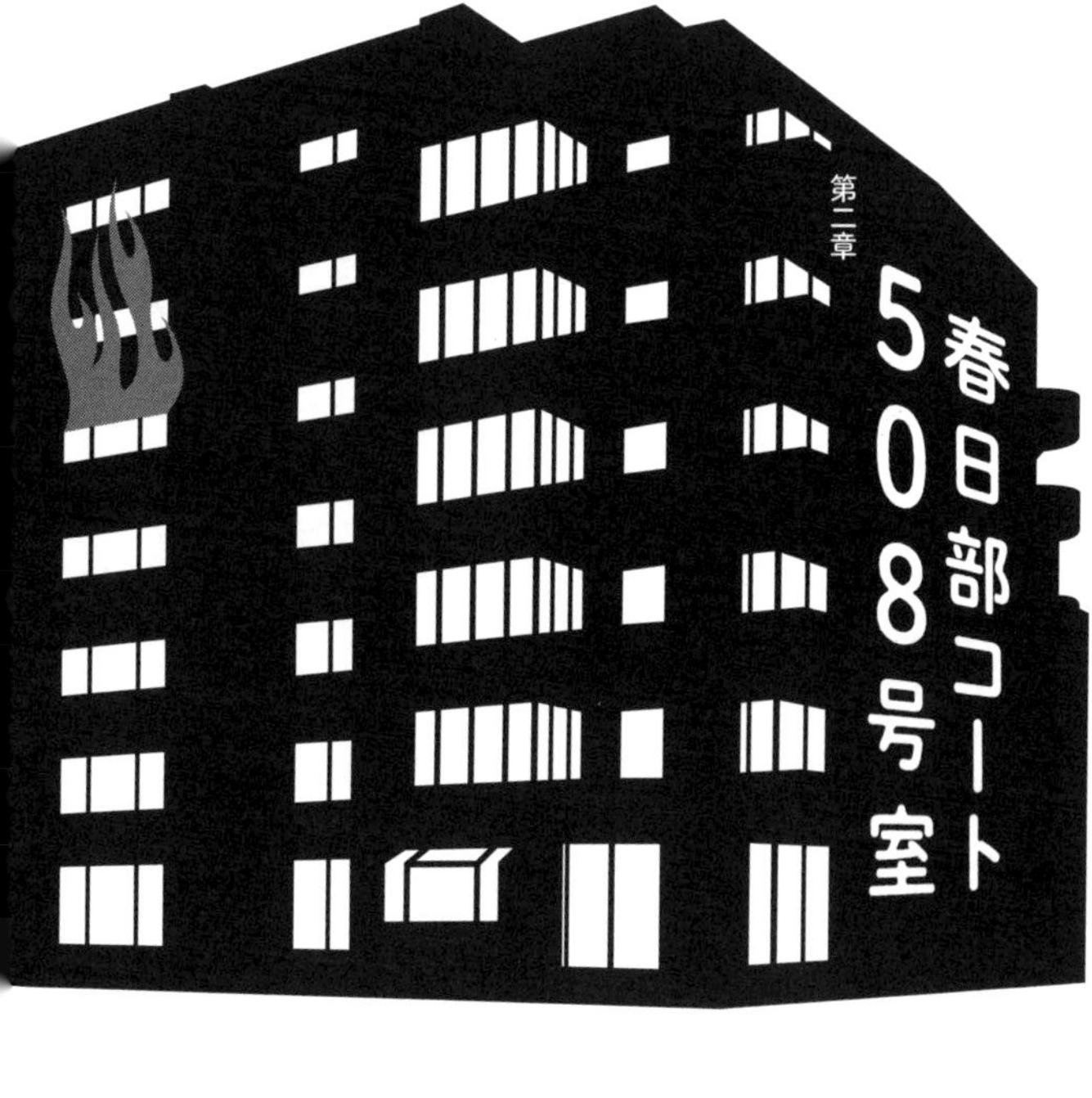

心中ルームに連泊した義母

事故物件ミステリー

第17話

真由美が６日間の入院を終えて５０８号室に帰ってきた。

「おかえり。もう大丈夫なの？」

「うん。赤ちゃんも大丈夫だったし、お腹のハリもなくなったよ」

よかった。家賃節約のためとはいえ、心中マンションに引っ越して嫁や赤ちゃんに何かあったらシャレにならない。

いずれにせよ真由美にはこの部屋の正体を伝えるべきではないだろう。発狂してしまうかもしれない。

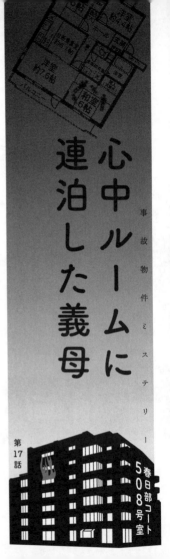

普段はおとなしいヤツなのに

　とにかく真由美の心を和ませる意味も込め、以前から実家で飼っている犬を新居に連れてくることにした。ロングコートチワワで、名前はレオ。この可愛い犬がそばにいれば、階段で突き落とされた事件も忘れるだろう。

　レオは、あっちの部屋こっちの部屋と、マンション中をうれしそうにはしゃぎ回っている。まったく愛くるしいヤツだ。

　レオを連れてきたその日の晩、エサをあげようとドッグフードを専用の皿にうつした。いつもならその音を聞きつけて駆け寄ってくるのに、今日はやけに静かだ。住居が変わって要領がつかめてないのか？

「真由美、レオは？」

「リビングにいるんじゃないかな」

　エサを持ってリビングに行くと、確かにレオはそこにいた。

「おい、ゴハンだぞ」

　こっちを見向きもしない。ちょこんと座りながら、1点を見つめているようだ。

「レオ、ごはんだってば」

そのときだ。

ワン！　ウ～ワンワン！

えっ、吠えた？　こいつが吠えるのを聞くのはオレが足を踏んづけてしまったとき以来だ。普段は大人しいヤツなのに。

ワンワンワン！

リビングの隣にある和室に向かって吠えている。簡単な物置き兼客室として使っている部屋だ。

そしてついでに言うと、そこは一家心中の舞台となった部屋でもある…。

「どうしたんだよ、ほら」

エサをさしだすと、レオは和室とエサを交互に見てようやく口をつけた。

何かを感じ取ったのだろうか。気持ち悪いけど、まだ真由美には

心中ルームに向かって吠えまくるレオ。何が見えてるんだ？

内緒にしておこう。

義母の姿が消えた。携帯も圏外

真由美が病院から戻ってくると同時に、近所に住む義母の昌子が頻繁に遊びにくるようになった。

もともと、義母にいろいろ助けてもらうことを期待して近くの物件を選んだので、顔を見せてくれるのはありがたいのだが、それにしても回数が多い。

「お邪魔しま～す。今日もゴハン食べに来ました～」

これで連続3日目だ。しかもご飯だけじゃなく風呂に入って客室（心中ルーム）に泊まってそのまま仕事に向かっている。まるで一緒に住んでるみたいだ。

その日も昌子は一緒に食事を済ませ、一番風呂に入って早々と布団に潜った。レオも嫌うような部屋に寝かせてすみません。

翌朝、真由美にものスゴイ勢いで体を揺すられて目が覚めた。

「ねえ、ねえってば、起きてよ」

なんだよ。まだ6時じゃねーか。

「お母さんがいないの！　携帯も電源切ってるみたいだし！」

仕事だろ。と思ったが今日は日曜日。義母も休みのはずだ。

「コンビニでも行ってるんだろ」

「こんな朝早くに？　30分も経ったのにまだ帰ってこないよ？」

何か用事を思い出して家に帰ったのだろうか。にしては携帯に出ないのはなんでだろう。急に心配になってきた。

オレの携帯からかけてもやはり「電波が届かないところ…」のアナウンスだ。日曜の早朝にいったいどういうことだ。

しかしオレたちの心配をよそに、朝の9時過ぎ、義母は鼻歌を唄いながら帰ってきた。

「お母さん、どこ行ってたのよ！」

「あ、ごめん。ちょっとね～」

「ちょっとって何よ！」

昌子はなんだか気まずそうな表情をしている。なんだなんだ、気になるぞ。

「あの…そのね…。男の人と会ったのよ」

「男の人って、まさか…グリーの」

「そう。こないだのとは別の人だけどね」

以前にグリーでフラれたのとは別の男に会ってきたのだという、しかも深夜に、オレたちに何も言わず家を出て。どんだけ行動力のあるおばちゃんだよ。

「そんな時間から何してたのよ？」

「まぁそれは…ねえ」

真由美よ、それ以上野暮なコトは聞くな。大人の男女がその時間に会ってるってのは、もうアレしかないのだから。

「まあ、何もなくて安心しましたよ。ゴハンでも食べましょうか」

オレは話をさえぎった。朝イチで義母のセクシャルな話なんて聞きたくない。

涙を浮かべる昌子「もう死にたいよ…」

その日、つまり日曜の朝からずっと昌子は春日部コートでごろごろしていた。昨晩の〝戯れ〟を思い出し、充実感を味わっているのだろう。

しかし午後3時ごろ、和室から突然「ああ～」と深いため息が聞こえてきた。いったいどうした？

真由美が声をかける。

「どうしたの？」

「もう死にたいよ…」

「は？　なんでよ。あんなに機嫌良かったじゃない」

義母はうっすら涙を浮かべている。隣の部屋のオレにも見えているのだから、うっすらどころではないかもしれない。

毎日、上機嫌で遊びにきていた義母だが…

「なんで男ってこうなのかね」

「え？」

「メール送ったのに、返ってきたのがこれよ…」

義母の差し出した携帯には〝宛先が存在しません〟の文字があった。昨晩は連絡を取り合っていたのだから、要するにこの状況、メアドを変更されたってことか。

「もう、男ってどうしてこうなのよ」

実の娘になぐさめられながら、義母はさめざめと泣いている。

春日部コートの呪いはじわじわと、しかしどこか素っ頓狂なかたちでオレたち一家を襲い始めているようだ。

事故物件ミステリー

三角関係

第18話

２０１０年９月に入ってすぐのこと。いつもどおり買い物袋をさげた義母が春日部コートにやってきた。

「ただいま〜。あら、ただいまって、ワタシまるで自分の家みたいに言ってるわ。ハハハ」

ひとりでボケて、ひとりでツッコんでいる。まったく、それはオレの台詞だっての。

ま、でも上機嫌なのはいいことだ。フラれたショックも和らいできたんだろうか。

「ハハハ…なんかいいことでもあったんですか？」

一度オレから目をそらした義母は、待ってましたと言わんばかりの笑顔で語りはじめた。

「わかる〜?」

「ええ、まあ…」

「あの人からね、連絡がきたのよ」

メールを送っても〝宛先が存在しません〟だったはずのグリー男と連絡が取れたのだと。

「携帯を落としてたんだって。拾った誰かに使われないように止めてたらしいの。また今度会う約束したのよ。連絡がとれなかった埋め合わせをしてくれるんだって」

恋する乙女のようなはしゃぎっぷりだ。心情は複雑ではあるけれど、義母の恋路をジャマする権

完全に同居しはじめた義母

利も理由もオレにはない。ムリヤリ作った笑顔で「良かったですね」と伝えるしかなかった。

その翌日、義母は、大きな荷物を抱えてやってきた。

「やっぱり一人で住むのも寂しいし、正式にここに住んでも大丈夫かな?」

「えっ、は、ハイ…」

普通は断りを入れてから荷物を運び込むものだろうに、順番が逆だ。ま、子どもが産まれるので誰かいてくれたほうが助かるけど。

義母は何度も往復して、例の心中ルームに衣装棚やタンスなどを着々と運び入れていく。仮に霊だなんだがいるとしても、これからはすべて彼女が引き受けてくれるものと思いたい。すみません、お義母さん。


「あの男、オンナがいるんだって」


次の日曜日、義母がグリー男とのデートに出かけていった。玄関まで見送った嫁の真由美が心配そうにしている。

「お母さん、大丈夫かなぁ」

たぶん大丈夫ではないだろう。男の立場からすれば、関係を切りたかったけどまたヤリたくなったから連絡しただけに違いない。

夕方、義母は無言でマンションに戻ってきた。そのまま心中ルームに入っていく。

「お母さん、どうだった？」

「なに買ってもらったんですか？」

外から呼びかけても反応がない。

そっと中を覗いてみると、隅の方でじっと座っているだけだ。ただごとではない。

「どうしたの、なんかあったの？」

「うん…。もういいでしょ」

「よくないよ。なんかされたの？　ねえってば」

娘の詰問に、ようやく義母は口を開いた。

「あの男、オンナがいるんだって」

「なんでわかったの？」

「電話したら若そうな女が出たの。もう最悪だよ〜。でもワタシはなにも悪いことしてないからね」

「その女って？　奥さんとか？」

「結婚はしてないけど一緒に住んでるんだって。『人の男に近寄ってタダじゃおかない』なんて言われちゃったよ」

グリー男なんてそんなもんですよ。遊ばれてるだけですって、お義母さん。携帯を落としたってのも作り話で、その女が着信拒否に設定しただけだろうし。

とは言えずに、オレは黙ってテレビを見つづけた。こんなくだらない三角関係に関わるつもりはない。

しかし義母の怒りは収まらない。

「でさ、その女からメールがきたの。それがムカついてさ」

携帯には、安いドラマのような文句がつづられていた。

〝調子に乗らないでね。稔さんにちょっかいを出さないで〟

「返信したんですか？」

「しないわよ。こんな小娘の挑発に乗るほどバカじゃないから」

お～怖い。全面戦争かよ。でも闘ってもたぶん負けだろう。稔さんだって50歳の女を選びたくないだろうし。

毎晩、公衆電話に向かいため息をつく義母

1時間ほど経ち、義母は目を赤く腫らして部屋から出てきた。

「また拒否されてるから、公衆電話でかけてくる！」

「え、やめておいたほうが…」

「いいのよ、いいのよ」

この世代の人には、着拒＝もう終わり、というさっぱりした感覚はないのかもしれない。ク

ロシロはっきりさせないと気が済まないんだろう。

義母は30分ほどで戻ってきた。

「どうでした？」

「うん、話したよ。やっぱりあの女とは別れたほうがいいと思うなぁ。すごい束縛するんだって」

「稔さん本人はどうしたいんでしょうね」

「わからないけど、電話に出るってことは、私のほうがいいんじゃないの？」

まだ楽観的だ。図太いというか何というか。

翌日から義母は、夕食後に決まって公衆電話へ向かい、その内容をオレたち夫婦に報告してきた。

「今日は出てくれなかったけど、きっと仕事が忙しいんだわ」

「今日は出たけどすぐ切れたわ」

「今日も仕事中みたい」

もはやストーカーである。いつのまにか、公衆電話タイムは夕食後のみならず深夜にまで及ぶようになっていた。夜中に玄関が開く音がしたかと思えば、その数分後にまたガチャッと音がして、辛気くさいため息が聞こえてくる。おかげでオレたち夫婦は軽い不眠症だ。

やはりさっさと心中ルームから出て行ってもらおうか。それともこのまま呪いを一手に引き受けてもらったほうがいいのだろうか。

一人で不幸を背負ってくれるのは助かるんだけど…

豊島マンションの新住人

事故物件ミステリー

第19話

春日部コート508号室

気になっていることがある。オレが1年半を過ごし、様々な呪いにうちのめされてきた豊島マンションのことだ。

現在はいったいどんな状況なのだろうか。新たな住人に大変なことが起きていたりして。あの部屋の呪いにはオレを含めて5人連続で影響を受けている。今度の住人だって例外ではないはずだ。

いちど見ておかなければと、２０１０年10月の初旬、今となっては懐かしさすらこみあげるあのマンションへと向かった。

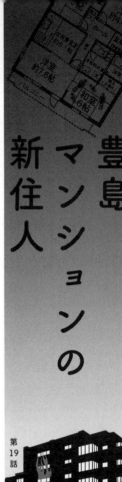

夜中に目が覚めるかもねえ

さて205号室は？　おっ、窓にカーテンがかかってる。誰か住んでるんだな。

階段をのぼり、ドアに耳をあててみる。物音は聞こえない。

「すいませ～ん」

強めにノックすると、ゆっくりドアが開いた。

「どちらさま？」

出てきたのは40代とおぼしきおばちゃんだ。この狭い部屋に一人で住んでいるんだろうか。

「あの、前にココに住んでいた者ですが、忘れものをしたので突然お邪魔したんです」

「忘れ物？」

「えっと、銀行の通帳なのですが、心あたりはないですよね？」

「ないねぇ」

おばちゃんは目線を合わそうともしない。なにかに脅えてるような表情だ。

「そうですか。ところで最近ここに越してきたんですか？」

「そうよ。2週間前くらいね」

「その…なにかヘンなことはないですかね？」

「……おたくなに？　宗教かなんか？」

マトモな反応と言っていい。いい歳してこんな部屋に住むなんて、アッチ系の方かもと想像していたのだが。

「いえ。実はボクが住んでいたときに色んなことがありまして…」

オレは順を追って説明した。夜中に拍子木が聞こえてきたこと、上の部屋からすりこぎ音がしたこと、そしてオレ自身がウツになったこと…。

おばちゃんは驚くでもなく、静かに聞いている。

「というワケなんです。だから新しく住んだ方にもなにか起こっていないかと思って」

「ふーん」

おばちゃんは下を向き、沈黙した。やっぱりなにかあるのかな？

「そういう部屋だってコトを不動産屋からは聞いてました？」

「聞いてないねぇ。何度かね、ピンポンが鳴って誰もいないことはあったよ」

ピンポンダッシュか。わざわざ2階まで上ってきてそんなイタズラをするヤツがいるだろうか。

「それだけですか？」

「う～ん、そうねぇ。そう言われてもなかなか思いつかないね」

おばちゃんは何かを思い出そうとしている。

「夜中に目が覚めるかもねぇ」

「なにか物音とかで？」

豊島マンションの新住人はおばちゃんだった

「いや、音じゃないんだけどね。ときどき目が覚めるのよ」

謎のピンポンダッシュと不眠。オレだったら呪いのせいにしそうだけど、おばちゃんは何も気にしてなさそうだ。ま、２０５号の〝いわく〟を知らないんだから当然か。

しかし、礼を告げて退散しながらも、オレはあることが気になっていた。あの視点が合わない感じ、ウツの傾向じゃね？　今後もおばちゃんには要注意だ。

このマンション、自殺があったんだって

これも10月初旬のことだ。春日部コートで夫婦2人で夕食をとっているとき、真由美が神妙な顔で尋ねてきた。

「知ってる？　このマンションね、前に事件があったんだって。一家で自殺したらしいよ」

産婦人科で知り合った奥さんから聞いたそうだ。

そんなコトは百も承知だけど、オレはさも初耳のように「へ〜」と聞き返した。

「どこの部屋なんだろ？」

「そこまではわかんないけど」

「まあ、大丈夫だろ」

「ここじゃないよね？」

自分が心中部屋で寝起きしているとは
夢にも思っていないだろう

ここだ。ここなんだよ、真由美。お義母さんが寝泊まりしてるその部屋で、みんなが死んだんだ。

そう伝えるわけにもいかず、オレは話題を変えて場をゴマかした。気にしないで元気な赤ちゃんを産んでくれ。

食後、義母の昌子が帰宅した。

「ただいま〜。あぁ今日も疲れた」

「お帰り。お母さん、このマンションね、昔、自殺があったんだって！」

「あら、そうなの？」

女ってのはこんな話題が大好きだ。どの部屋が怪しいだの、ウチじゃないはずだだのと、やいのやいの話し込んでいる。

しかも義母はこんなときだけ勘がいい。

「ヒロシ君、知ってたんじゃないの？」

「いえ、初耳ですよ」

「ほんと？　前もおかしな部屋に住んでたでしょ」

「あれは仕事だったんで…」

これも仕事だとバレたら、過去何度も自分の恥部が全国にさらされてると知ったら、義母はどんな顔をするだろう。

事故物件ミステリー

父帰る

第20話

事故物件に住むことの恐怖はどこへやら、いつのまにかすっかり我が家族の出来事ばかりを報告するかたちになった当連載だが、〝住む〟とはイコール住人の生活そのものに他ならない。しばしお付き合い願いたい。

今回もきわめて私的なリポートである。しかしこの些細な出来事にもまた、オレは春日部コートに息づく霊的なモノを感じてしまうのだ。

病室にやってきた目を腫らしたおっさん

ついにわが家に新しい家族がやってきた。女の子が産まれたのだ。

まったく可愛すぎる。母親や義母も病室にやってきて、奪い合うようにしてあやしている。

存分に可愛がってやってくれ。この子はオレに似るぞ～。

生まれて数日後の休日、娘の様子を見に病院へ行くと、すでに母親が腕に抱きかかえていた。

「ホント可愛い子だね～！」

そうだろそうだろ。で、ちょっと聞くけど、隣にいる汚いおっさんは誰だ？

「ああ、ヒロシ。久しぶりだな」

は？　知り合いか？　肌は浅黒いし、白髪だし、痩せ細ってるし、しかも目は誰かに殴られたみたいに腫れている。こんなおっさん知らないんですけど。

「オレだよ、オレ。元気してたか？」

腰が抜けた。実の親父だ。6年ほど前に失踪し、だからこの連載にも登場することのなかった、あの親父なのだ。生きてたのかよ！

母親が口を開く。

「今日、たまたま家に帰ってきたから一緒に来たのよ」

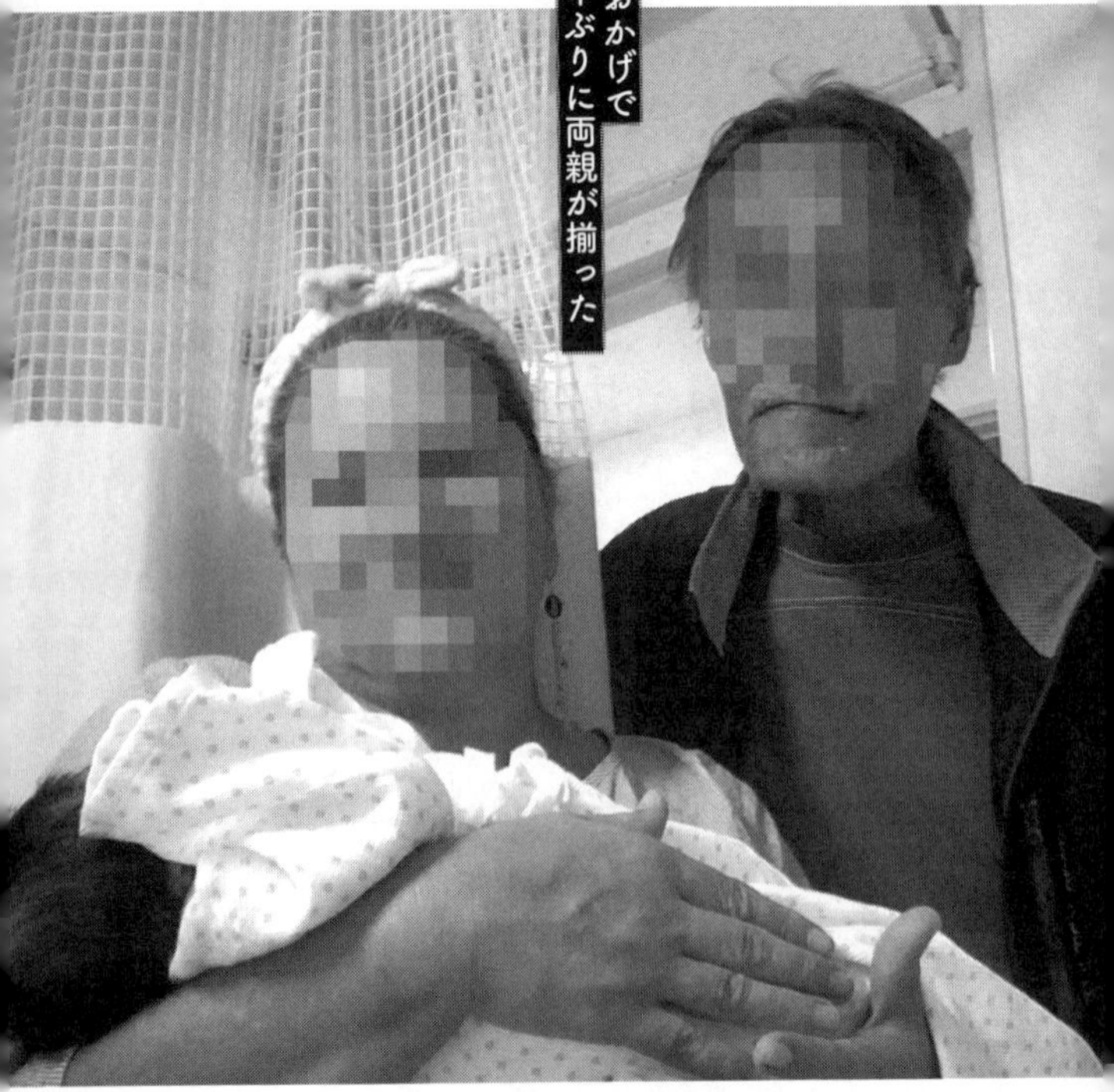

赤ちゃんのおかげで
6年ぶりに両親が揃った

なんでそんなにのんきなんだ。6年間も行方不明だった親父なのに、まるでちょっとした旅行から戻ってきたような口ぶりだ。

久しぶりすぎて、どう声をかけていいかわからない。怒るべきなのか喜ぶべきなのか。

親父はそんなオレなど意に介さず、赤ちゃんを抱いて「可愛いなオマエ」と声をかけている。そんな顔で言っても怖がるだろうが。第一、なんでそんなヒドイ顔なんだよ。

1時間ほど経つと親父と母親は「そろそろ帰るか」と席を立った。ちょっと待った、聞きたいことが色々あるんだけど。

「オヤジ、ずっと何してたんだよ」

「まあ、話せば長くなるから」

「その目は？」

「これか？　ハハハ」

ノー天気なおっさんだ。いったいこのタイミングで帰ってきたことに意味はあるのか。また家族となって一緒に暮らすつもりなのか。赤ちゃんにとってみればジイちゃんがいるほうがいいのかもしれないけど…。

ファミレスに入り、母親とオレは親父の話を聞いた。

なにから話せばいいのかな？　家から出ていったのは6年前くらいだったよな。母ちゃん、酒飲むと怒るからさ、息がつまっちゃって。

丈夫か。ガハハハ。

ヒロシは大学に行ってたはずだけど、ちゃんと卒業したのか？　オレに似て頭がいいから大丈夫か。ガハハハ。

あれからな、トラックの運転手してたんだよ。寮があるところでしばらくな。でも酒のせいで仕事に行けなくてクビになったんだよ。半年くらいは続いたんだけどね。

それで一緒に働いてたヤツに工場の仕事を紹介してもらってさ、川越（埼玉）に安いアパートを借りて一人で住んでたんだ。ここは結構続いたぞ。1年ちょっとかな。

何度かオマエたちに連絡しようと思ったんだけど携帯をなくして番号がわからなかったから。

健輔（弟）や由佳（妹）も元気にしてるのか？

工場のあとはまたドライバーに戻ったんだったけな。でもまた辞めて、別の会社に勤めて…。

オレもな、正直いくつ勤めたかなんて覚えてねーんだ。50歳を過ぎたら、なかなか雇ってくれる会社もないんだよ。

そうするとさ、その、家賃も払えなくなるだろ。あたりまえだけど。で、オマエらも知ってるとおり、酒はたくさん飲むからカネがなくなってさ。

だから3年近くは公園とか図書館とかで寝ながら、2日に1回くらい日雇いの仕事をして、ちゃんとカネは稼いでたんだよ。じゃなきゃこうやって生きていけないからな。酒も飲めないし。ホームレス？　そんなこと言うなよ、ガハハ。

（母親に向かって）なあ、アンタ、悪いんだけどさ、1杯だけビール飲んでもいいかな？　ダメ？　そっか。

それでおとといのことなんだけど、公園で酒を飲んでたんだよ。そこまではハッきりと覚えてるんだけど、だんだん酔っぱらってきてな。起きたら病院にいたんだ。

医者に聞いたら、オレ酔っぱらってそのへんの兄ちゃんに絡んだんだってよ。そんで殴られて目が腫れたんだ。でも、ただやられっぱなしじゃないぞ。ちゃんとそいつにも1発くらわしてやったから（自慢げに）。

でな、病院にいたら不安になってきたんだよ。久しぶりにベッドで寝れてすごい気持ちがいいんだけど、オレ金持ってないから入院費なんて払えないだろ。

だから病院をヌケだしてきたんだ。それが今朝だよ。でも途中で倒れちゃって、警察に声をかけられてさ。病院からヌケだしたなんて言えないから、母ちゃんの住所を言って家まで送ってもらったんだ。

そしたらオマエの子供が産まれたなんて聞かされただろ？　急いでやってきたんだよ。初めての孫だからな。ハハハ。ヒロシ、本当によかったな。おめでとうな。

情けなくて泣けてきた。孫の顔を見たがってくれたのは素直にうれしいけど。

とりあえず親父は母親と一緒に暮らすみたいだ。ま、これも娘が家族を結びつけてくれたものと考え、過去は水に流して仲良くやってくか。

「あの人、またいなくなっちゃったんだよ！」

嫁と赤ちゃんが退院して、春日部コートに戻ってきた。これからは一家3人＋義母で、明るい家庭を育むのだ。

一方、実家のほうでは、親父と母親でなんとかうまくやってるらしい。仕事もせず昼間から酒を飲む親父だけど、母も甘やかしてやるしかないんだろう。

家族は一気に2人増えたことになる。オレがしっかり稼いで食べさせてやんなきゃな。なんだか気持ちが前向きになってきたぞ。

数日が経ち、親父がオレたち夫婦の新居、春日部コートに初めてやってきた。よっぽど孫が気に入ったみたいだ。

「おう、いいとこ住んでるな。ちょっとビールもらっていいかな」

ビールを飲みながら、赤ちゃんを抱いてずっと話しかけている。教育上どうなのかと、嫁は心配顔だ。

「オヤジ、あんまり飲むなよ」

「おー、よしよし」(無視)

「なあ、ビールはやめとけよ」

「よしよし、可愛いなあ」(無視)

思う存分、飲んであやして満足したのか、親父は赤い顔をして帰って行った。

実家の母親から電話が入ったのは翌日のことだ。

「あの人、またいなくなっちゃったんだよ！」

「え？」

「昨日の夜中にどこかに行ったみたいで、洋服も財布もなにもないんだよ」

それからほぼ10日が過ぎたが、親父からの連絡はない。またホームレスに戻ったのだろうか。

タイミングを振り返れば、春日部コートの霊が、娘を守ってくれたようにも思えるのだが…。

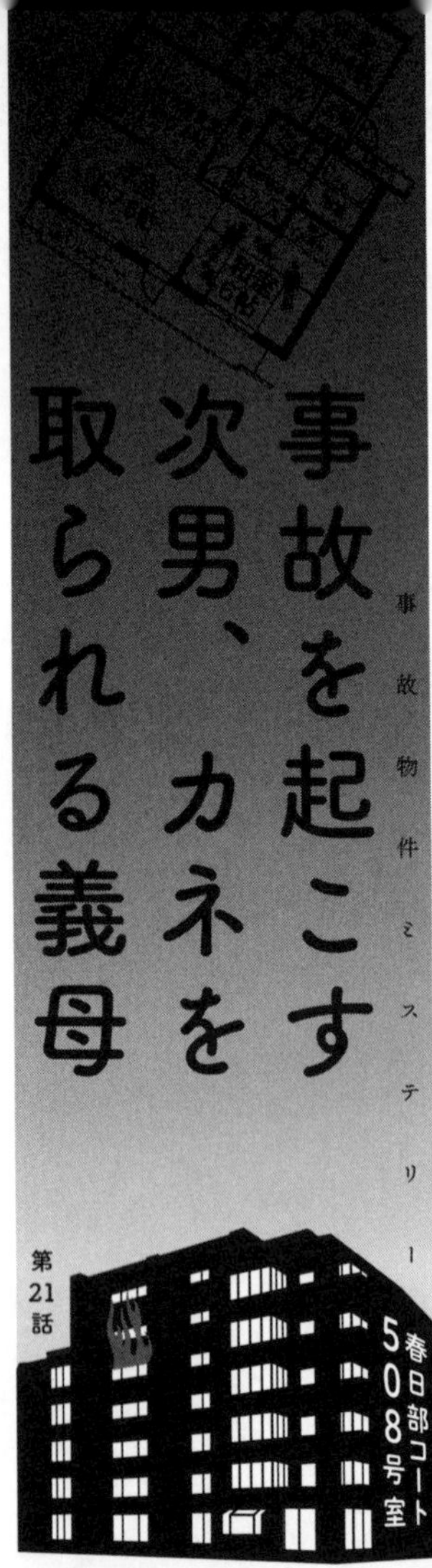
事故物件ミステリー
事故を起こす
次男、カネを
取られる義母
春日部コート
508号室
第21話

ニートだった弟が元気な姿で

親父が家を出たきり帰ってこず、母親はすっかり老け込んでしまった。せっかくまたやりなおせるはずだったのに…。

そんな折、オレの携帯に見知らぬ番号から着信があった。折り返してみれば、なんと弟の健輔ではないか。

こいつは建部家の次男で、AV女優だった妹の由佳から50万円を借りたまま行方をくらましていた。会社の同僚には「カネが貯まったから沖縄に住む」と告げていたそうだ。いったい急にどうしたんだ。

「久しぶりだな。どうしたんだ、いきなり」

「母さんから聞いたけど、子供産まれたんだって？　いま近くにいるから顔見てってもいい？」

どうやら母親にカネを無心しようと電話をかけて、ウチの吉事を聞いたらしい。

「いいけどどうやって来るんだよ？　沖縄じゃなかったのか」

「いまは埼玉だよ。オレ免許とったから車で行くわ」

健輔は電話を切って5分もしないうちに我が家へやってきた。以前よりも浅黒い肌で、ジャケットを脱ぐとタンクトップ姿だ。ヒゲなんかも伸ばしてるし、いかにも沖縄で楽しんでましたってな風貌だ。

「よう兄貴。あっ、真由美さん、結婚おめでとうございます。オマエが夏美かぁ～」

挨拶もそこそこに娘の夏美を抱く健輔。コイツ、こんなキャラだったっけか？　昔は暗くて、半分ニートみたいなもんだったのに。

「お前さ、沖縄からいつ帰ってきたんだよ」

「先週だよ。友達が仕事紹介するって言うからさ」

小学生にサッカーを教える仕事について毎日頑張っているという。もう少しすれば支店長の肩書きも用意されているのだと。

「由佳にカネは返したのか？」

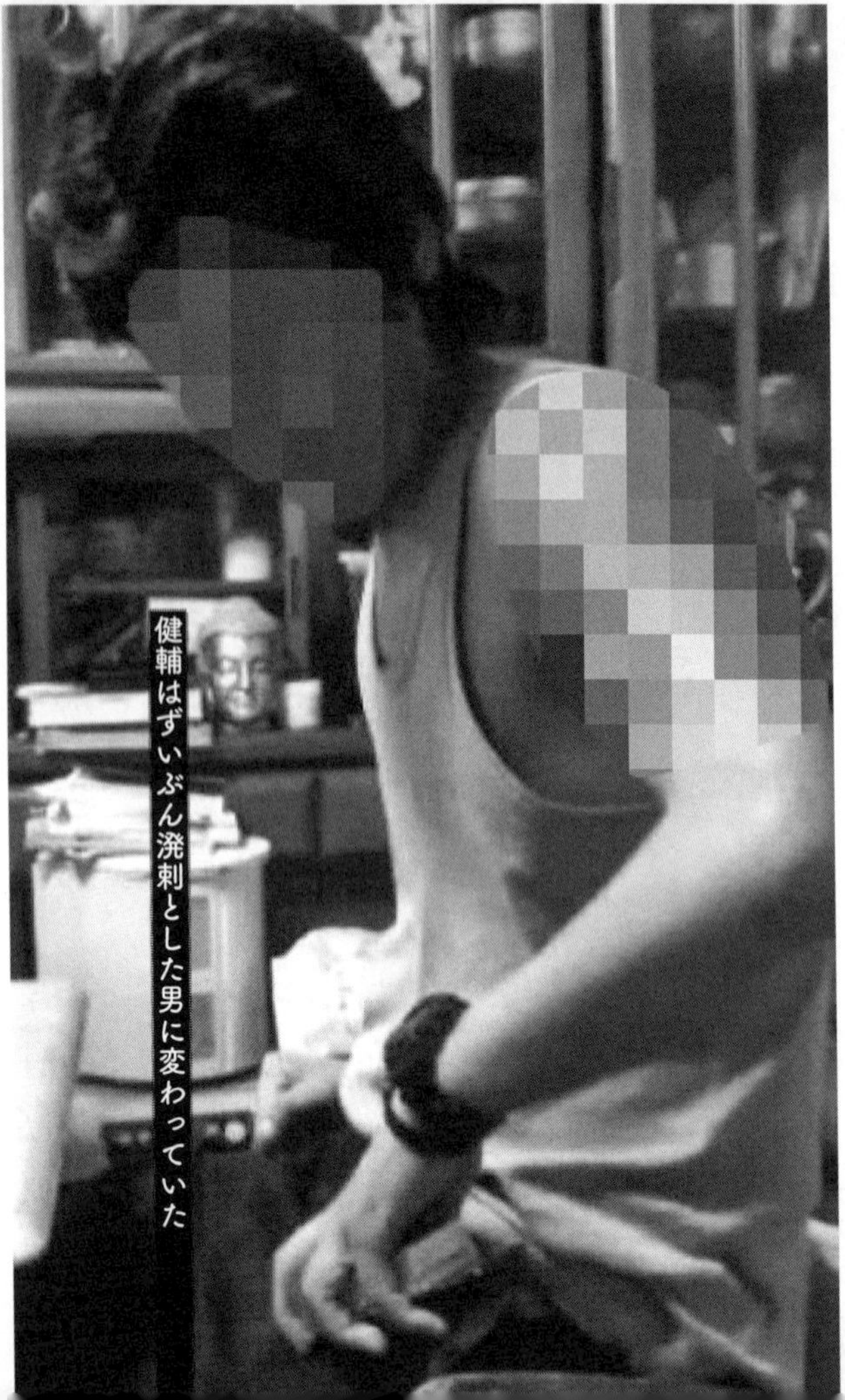

健輔はずいぶん溌剌とした男に変わっていた

「いや、それはまだなんだけどね」

健輔はお茶も飲まずに「また来るよ」と嵐のように去っていった。ま、親父はいなくなったけど、またこうして賑やかな家族と触れあえるのはいいことなのかもな。

急に眠くなってガードレールにぶつかった

しかし我が家を訪れた人間は、必ず災難を被る。これはもう、天の与えた約束事なのだ。

翌日、まるであらかじめ決まったシナリオであるかのように、母親から電話がかかってきた。

「健輔が事故をしたって…」

「え！」

「ケガはないみたいだけど、サッカーの子供たちも車に乗ってたんだって。今日ウチに来るからちょっと叱ってやってよ」

夜、実家に顔を出すと明らかに落ちこんだ様子の健輔がいた。心なしか浅黒い顔が少し白んでいるようだ。

「なんでまた事故ったんだよ？」

「なんでって…」

ゆっくりと口を開いた健輔によれば、サッカー練習場に子供たちを送り届ける途中でなぜか急に眠くなり、ガードレールにぶつけてしまったそうだ。幸い、健輔にも子供らにもケガはなかったので安心は安心なのだが。

「急に眠くなるってなんだよ」

「そんなのオレにもわかんないよ。とにかく生徒の親から会社にものすごいクレームが入ってってさ」

内定していた支店長の職も白紙になったそうだ。そりゃそうだろう。居眠り運転なんて、即解雇されてもいいぐらいだ。

「はぁ…」

健輔の顔はニートだった昔の表情に戻っている。そ

ぶつけた車。急に眠くなるっていったい…

の遠因が何かなんて、もちろん伝えるわけにはいかない。

パチンコの金をむしり取られてるだけ

当連載にたびたび登場する義母の昌子さんが、師走に入ったばかりの土曜日、笑顔でウチに帰ってきた。

「今日はピザでも食べましょうか。ワタシがおごるから」

上機嫌の義母は軽快にピザを注文し、居間でニヤニヤしている。何か聞いてほしいときの表情だ。

「イイ事でもあったんですか？」

「えっ、なんでわかったの!?　あの人と明日会うのよ」

あの人とは、グリーで出会った稔さんだ。数回デートしたのちに彼の恋人から「稔に近づいたらただじゃおかない」とまで言われたにも拘わらず、まるでストーカーのように毎日公衆電話から連絡していた相手である。

「へぇ、久しぶりのデートですね」

「そんなんじゃないわよ、もう」

パシッと肩を叩いた義母は、一家心中の部屋でハンガーに洋服を数着かけながら「こっちかな〜」と悩んでいる。アンタは乙女か。にしても、いったい稔さんはどういう心境の変化でまた会うことにしたんだろう。

翌朝、8時に目を覚ますと義母の姿はすでになかった。こんなに早い時間から出かけたってことはどこかへ遠出か？

義母が家に帰ってきたのは夜の11時すぎだった。日帰り旅行にでも行ってたんだろう。

「ただいま〜。いやー、出たね。ほら、お菓子食べる？」

いきなりお菓子って。どっかのお土産ですか？

「朝から並んだかいがあったわよ。結局プラス10万くらいかな」

…まさかデートってパチンコかよ。

「一緒にパチンコに行ったんですか？」

「そう、ワタシのほうが爆発したんだけどね」

久しぶりのデートがパチンコってのもいかがなものか。

話を聞きつけた嫁がリビングにやってきた。

「お母さん、勝ったんならお小遣いちょうだいよ〜」

「ダメよ」

「いいじゃん。5千円だけ、ね」

「ダメだって。5千円も渡したらワタシがすっからかんよ」

は？　さっき10万勝ったって言ってなかったか。

「何に使ったのよ？」

「あの人に渡したの。だって悪いでしょ？」

信じられない。義母は勝ち分のほとんどをグリー男に渡したと言う。

その翌週も義母は早朝から出て行き、夜に帰ってきた。

「今日はダメだったわ」

またパチンコだ。今日は彼が勝って、自分は負けたのだと。

「じゃあ今日は、稔さんにお金もらったんですか？」

「どうして？」

「だって先週はお義母さんが渡してなかったですっけ？」

義母は不思議そうな顔をしている。

「今日もワタシが渡したわよ。だって1日付き合ってくれたんだから」

どういう理屈なのだろう。しかもよくよく聞けば、パチンコの軍資金は前回も今回も義母が出したという。

それってカネをむしり取られているだけなのでは。稔さんはパチンコを打つために、義母に会うことにしたのでは。

このまま放っておけば、彼女の財政は破綻し、いずれ我ら夫婦にもその影響はやってくるだろう。ああ、いったいどうすりゃいいんだ。

事故物件ミステリー

第22話

春日部コート508号室

元AV女優、由佳の結婚

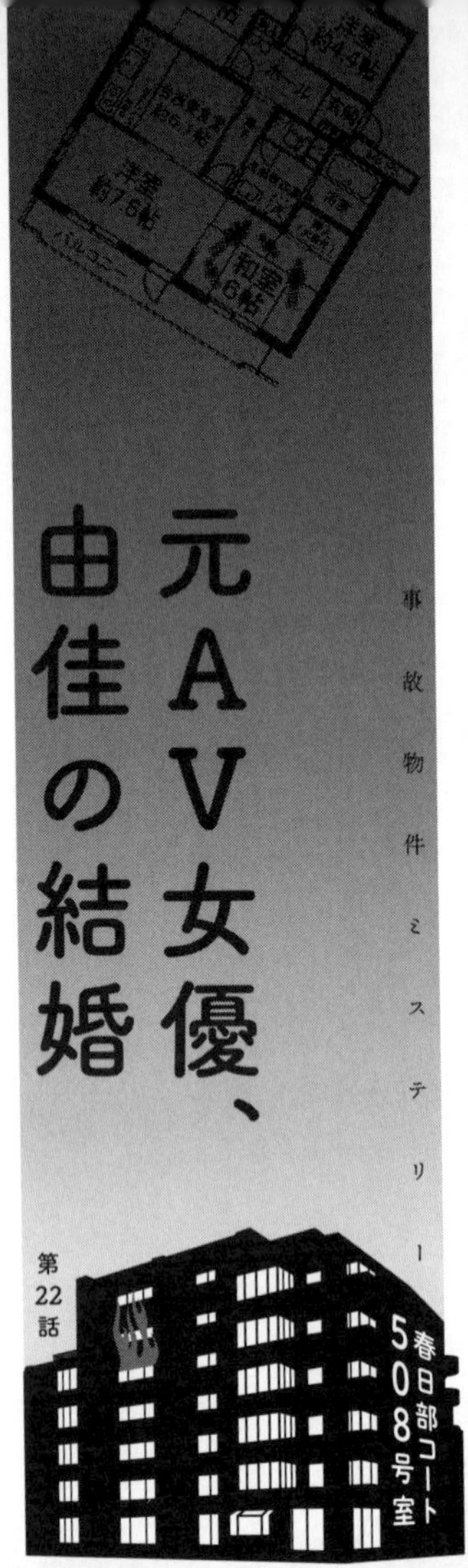

春日部コートの呪いはやはり、心中部屋で寝起きしている義母の昌子に集中した。

12月も半ばが過ぎたある平日、朝8時ごろ目を覚ますと、嫁の真由美が騒いでいた。

「お母さんからいっぱい着信があったんだけど、どうしたんだろ」

義母は早朝4時ごろ家を出ていったはずだ。グリー男とのパチンコではない。平日はトラックドライバーの仕事をしているので、とにかく朝が早いのだ。

その義母がどうして何度も電話を？　嫁の携帯には20件以上の着信が残っている。

あわててかけ直す嫁だったが応答はない。ま、たいした用事じゃないんだろう。

と思ったら、すぐにリターンがあった。

「もしもし、…えっ、はい…お母さんが!?」

嫁はみるみる泣きそうな表情になっていく。どう見てもただごとじゃない。

長い電話はようやく終わった。

「お母さんが人を轢いたって、それで、警察の人が来てくれって」


グリーの人とメールしてたんじゃゃ……


赤ちゃんの世話があるので嫁は動けない。オレが行くしかないか。

病院に到着すると、すぐに制服姿の警察官が近づいてきた。

「建部さんですね？　ご説明がありますのでこちらへ」

パトカーに乗せられ事情を聞く。

「お母さんのトラックがね、今朝の4時半くらいにこの近くで歩行者と接触したんですよ」

「その人は無事なんですか？」

「いま治療中なんだけどね。接触したのが肩だから骨にひびが入ったんだけど」

接触したのは70代のおじいちゃんで、ランニング途中で義母の運転するトラックとの事故が起きたという。幸いスピードが出ていなかったので大事にはいたっていないそうだ。

不幸中の幸いと言うべきか。にしても今まで無事故を誇ってた義母が、いったいどうしたというんだ。

しばらく待っていると、義母が警察官と一緒に病院から出てきた。オレに向かって申し訳なさそうに頭を下げている。これから署で取り調べだそうだ。ついていくとしよう。

夕方になって、ようやく義母が取調室から出てきた。

「どうしたんですか、事故なんて」

「うん…ごめんね」

どうもオカシイ。素行

こんな見通しのいい交差点で事故るなんて…

は決してよろしくない義母だけど、仕事に関してはしっかりしてたはずだ。

「まさかグリーの人とメールしてたんじゃないですよね？」

義母の表情が険しくなった。やっぱり。

「…事故のときはしてないよ。その前はしてたけど」

疑わしい。非常に疑わしい。

10年以上も安全運転だった彼女の注意をよそにそらすような存在は、あのグリー男ぐらいしかいないのだから。

「由佳の前の仕事のことなんですけど」

年が明けてすぐにめでたいイベントがあった。由佳の結婚式だ。

由佳はオレの妹で建部家の長女である。ＡＶに出演した妹、と紹介したほうが早いだろうか。ＡＶを引退してから紆余曲折を経て、ついに人の妻になることになったのだ。

旦那はバイト先で知り合った30歳・浩二さん（仮名）で、なかなかのイケメンだ。

そこで気になるのは、浩二さんが由佳の過去を知っているかどうかなのだが、その点については以前、由佳本人に少し聞いたことがある。答えはこうだった。

「言えるわけないよ」

こういう形の結婚があったっていいとオレは思う。過去に秘密のない夫婦のほうがむしろ稀だろうし。

結婚式は盛大に執り行われた。建部一家も失踪したオヤジを除き勢揃いだ。

由佳が母への手紙を読みあげたときは涙が出そうになった。AV女優のころは、好きでもない男のチンコをくわえたこともあったろう。汚いおっさんの精子を顔にかけられたこともあったろう。でもこれからは浩二さんと力を合わせて幸せな家庭を築くんだよ。

披露宴のあと、両家の関係者だけが居酒屋に集まり、ささやかな二次会を開いた。

主役の二人は遅れて顔を出した。すでに他で飲まされたのか、浩二さんの顔は真っ赤っかだ。

「おめでとうございます。由佳をお願いしますね」

「ありがとうございます。さあ、お兄さんも飲んで」

年上にお兄さんと呼ばれるのもムズ痒い気分だ。建部ファミリーの一員として、これからも仲良くやりましょう。

様子がオカシイことに気づいたのは、ビールを注ごうとグラスを手渡したときだった。浩二さんが神妙な表情をしているのだ。

「お兄さん、ちょっといいですか?」

立ちあがった浩二さんは会場の居酒屋を出ていく。まさか結婚式が赤字だから補填してくれってか?

寒空の下、浩二さんは小声で話しはじめた。

「由佳の前の仕事のことなんですけど」

新郎新婦はそれぞれ秘密を抱えていた

えっ、ウソっ、バレてる？

「前の仕事って、事務だっけ？」

「いえ、あの、アダルトの女優だった話ですけど」

うわ、なんだよ、知ってたのか。

かなり飲んでることもあって、正しい対応がわからなかった。由佳は、浩二さんは知らないはずと信じている。墓場まで秘密を持っていくつもりなのだろう。ならばオレがバラしちゃうわけにはいかないのだが、どこでどう聞いたのか、すでに浩二さんは知ってしまってるし…。

「ああ、なんか聞いたことあるかも」

「今さらどうこう言うのもどうかと思うんですけど、正直、疑ってしまうこともあるっていうか」

わかる。よくわかる。だってアイツ、淫乱がウリだったんだもんな。

「うん、でも忘れてやってください。今はアイツ、浩二さん一筋なんで」

そう言うしかなかった。

このさき、夫婦は幸せな人生を歩んでくれるだろうか。共に秘密を隠し通せるだろうか。

こうして建部家の一族は、新たな火だねを抱えて２０１１年を迎えたのだった。

事故物件ミステリー

階下のババアに聞こえる足音

第23話

春日部コート508号室

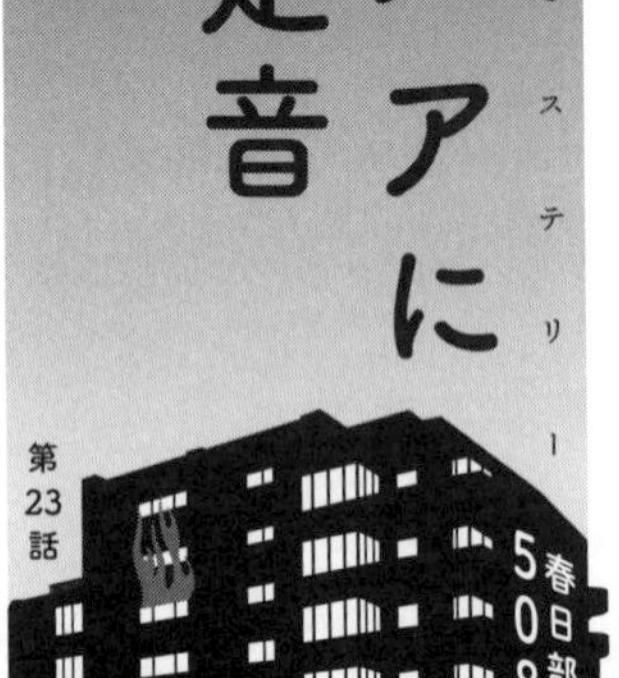

ウチの子供はまだ走り回れない

2月の頭、会社に向かおうとマンションのドアを開けた瞬間、なにかがハラリと落ちた。

ん？　紙キレ？

〝いつも足音がひびいて困ります。少し、少し気付かって歩いて下さい〟

はぁ？　なんだこりゃ。まるでウチがドタバタ歩いてるから迷惑してるってな調子で書いて

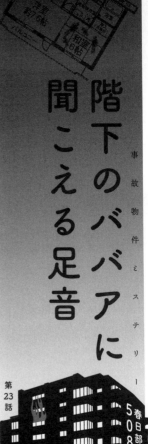

あるじゃん。

　これを入れたのは同じマンションの人間なんだろうけど、部屋番号が書いていない。いったいどこのどいつだ？

　嫁の真由美が言う。

「下の階の人じゃない？　ちょっと前に引っ越してきた」

　そうか、たしか先週、引っ越し業者が荷物を運んでたな。タイミングからしてそいつに違いない。まったく挨拶もなかったくせにいきなり苦情かよ。

「昨日は特別うるさくしてないよな？」

「うん、いつもどおりだよ」

　オレだって深夜0時ごろに帰ってきてすぐに寝ただけだ。こんな紙キレを挟まれる筋合いはない。文句でも言ってやろう。

　階段をおりたオレは、問題の部屋のチャイムを鳴らした。すぐに「は〜い」とおばちゃんの声が聞こえてドアが開く。

「508号室のタテベです。こんなモノが挟まってたんだけど、お宅ですか？」

「ああ、そう、そうなんですよ」

「別にうるさくしたおぼえはないんですけどね」

「うーん。でもときどきお子さんが走り回ってるでしょ？」

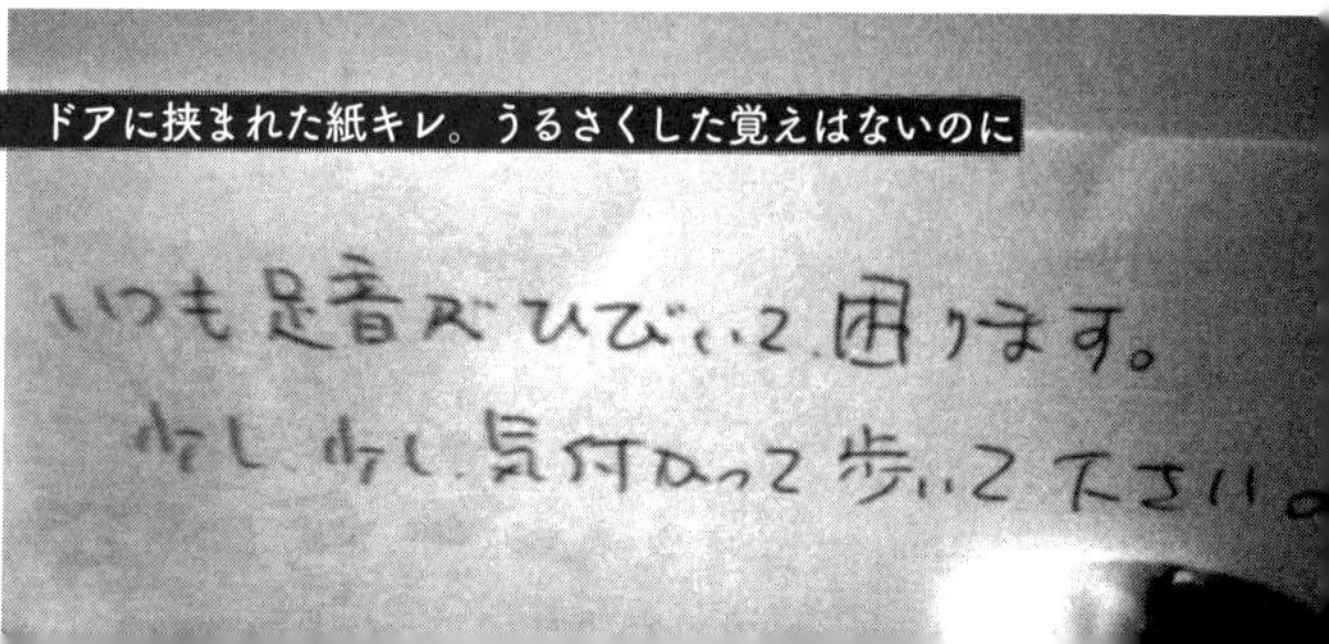

ドアに挟まれた紙キレ。うるさくした覚えはないのに

「は？」

「だから夜中とか、お子さんが走ってるでしょ？　それが迷惑なんですよ」

…なに言ってんの？　ウチの子供はまだ4カ月だから走り回ったりできないんですけど。

そう説明すると、おばちゃんは大げさに驚いてみせた。

「ええ〜？　だって小走りみたいにドンドンドンって…」

「いつですか？　昨日の夜中ですか？」

「ええ、昨日もそうよ。お昼にも聞こえるし」

まったく、どんだけ神経過敏なおばちゃんなんだ。ウチは普通に歩いてるだけだっての。とりあえず注意しますと伝えて退散したが、どうにも納得がいかない。もしかして犬のレオ

か？　でもあんなに小さな犬が走ったところで下まで響くわけがないよな。

そうだ、あの天井の真上は……

数日後、家族全員で「くら寿司」に食いに出かけて戻ってくると、またもやドアに紙が挟まれていた。この前、突き返した紙キレじゃないか。アイツ、やっぱイカれてんのか？

下へ降り、おばちゃんの部屋のチャイムを押す。

「あの、タテベですけど」

「はいはい、タテベさんね。本当にやめてくださいよ。親戚のお子さんでも来てるんですか？」

「来てませんよ。うるさかったのはいつのことですか？」

「さっきですよ、ちょっと前。お願いだから少し注意してくださいよ」

さっきだって？　そんなハズないだろ。たった今まで、みんなでくら寿司で食ってたんだから。

「あのですね、ウチらいま帰ってきたとこなの。いい加減なことばっかり言わないでくれますか」

ついつい語気を荒げてしまったことでババアは黙ってしまった。やべ、言い過ぎたか。

「じゃあ誰がドンドン走りまわってるのよ！　真上なんだからアナタたちしかいないでしょ！」

ええ～、逆ギレ？　もう頭にきた。

「じゃあ中に入れてくださいよ。どこから音が聞こえるのか知りたいんで」

「ええ、どうぞ」

ババアは部屋の奥に向かい、和室の天井を指差した。この上は、昌子の寝起きしてる部屋だ。

「このへんよ」

「今は静かですよね」

オレは携帯を取り出して、真由美に電話した。

「いま下の部屋にいるんだけど、少し音を立てて歩いてみてよ」

「どのへん？」

「いちばん奥だな。お義母さんの部屋」

「え？　わかった」

音など聞こえてこない。

「真由美、ちょっと走ってみて」

直後、天井からほんのかすかにトントンと音がした。耳を澄ませないと聞こえないほどだ。

「こんな音ですか？」

「違うわよ、もっとドンドンって」

「真由美、ジャンプしてくれ、何回も」

それでもまだトントンとしか鳴らない。わかったか、ババア、あんたの耳がおかしいんだよ！

この天井からドンドン聞こえるらしい

しかしババアは聞く耳をもたない。「いい加減にしないと不動産屋さんに言って注意してもらいますから」

腑におちないまま508号室に戻ったそのとき、初めてオレは思い出した。

そうだ、あの天井の真上は心中部屋だった。

ここ最近、家族のしょーもない不幸ばかりだったのに、あのババアが越してきたせいで、また摩訶不思議なオカルトがぶりかえしてしまった。

ここで死んだ家族たちは、階下に何をアピールしているんだ…。

カップル喫茶と清庵さん

事故物件ミステリー

第24話

春日部コート508号室

もううんざりしている。例のババアの件だ。

ウチには小さい子なんていない（自分では動けない赤ちゃんはいる）と何度説明しても、毎日のように「静かにしてください」の紙キレがドアに挟まっている。

きっとイカれてるんだ。建部家はそう結論づけて、なるべくヤツと接触しないように過ごそうと決めた。

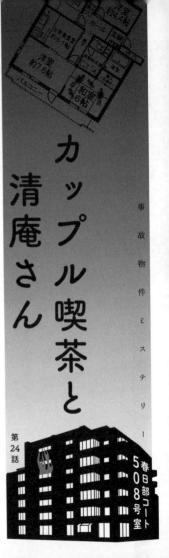

嫁の手が、だんだん規則的に動きだした

最近、嫁を他の男に抱かせたい願望が出てきた。

いきなり何の話題だと訝しがられるかもしれないが、後でこの連載に関わってくることがわかるので、お付き合い願いたい。

そう、とにかく嫁がいたぶられてるところを見たいのだ。どんな顔して他の男のチンコをしゃぶるのか、どうアエぐのか。あのムッチリした身体に男がどう興奮するのか。オレは興味津津なのである。

ある夜、布団の中で軽くジャブを放ってみた。

「なあ、面白い場所があるからこんど行ってみない？」

「どこどこ？」

「あの、ハプニングバーっていってさ…」

眠そうだったはずの真由美の目が、いきなり睨みつけてきた。

「それってエッチなお店でしょ？」

なんだ、知ってたのか。何食わぬ顔で連れて行こうと思ってたのに。

「行ってみない？」

いいだろう。

約束で、カップル喫茶に行くことになったのだ。まあ、取っかかりとしてはこんなぐらいでも

「ワタシ、他の人に触られるのとかイヤだもん」

行こうイヤだの争いが15分、最後には双方が譲歩した。『他のカップルを見るだけ』という

「いいじゃん、たまには刺激を取り入れないと」

「嫌よ、そんなトコ」

週末、娘を義母にあずけ、都内のカップル喫茶に向かった。薄暗いスペースにソファが並ぶ、

よくありがちなつくりだ。

ソファに座った真由美は無言でうつむいている。

「大丈夫か？」

「大丈夫じゃないよ。すぐ帰ろうよ」

まだ時間が早いのか、客は奥のソファに1組いるだけだ。チラチラとこちらを見ている。

「あの2人、始めるかもな」

「もう、いいよ。そんなの」

しばらく待っても何も始まらない。と思いきや、そのカップルがこっちの席の隣にやってきた。

「どうも。ここは初めてですか？」

「はい…」

30代らしき美男美女だ。こりゃ常連だな。

2人はオレたちに見せつけるようにいちゃつきだした。濃厚なキスの後、胸をベロベロとし

ゃぶり、さらには手マンまで。

興奮してきた。おい、真由美、見てみろよ…って、オマエ、目すごい輝かせてんじゃん！

「すげーな」

「うん…」

「オレらもやるか？」

「ヤだ…」

うむ、もう一押しってとこか。

と、そこで男が声をかけてきた。

「彼女さん、よかったらこいつの胸を触ってあげてください」

ナイス！　こうやって徐々に崩していくのが正解なんだな。さすが常連だ。

「真由美、せっかく誘ってくれてるんだから」

嫁の手をとり、彼女さんの胸にあてがう。ほら、こうやって乳首を触ってあげなさい。

最初はおずおず触れるだけだった嫁の手が、だんだん規則的に動きだした。乳首の周りを指がゆっくり動いている。そうか、真由美、そうやって触ってほしかったんだな。

フェラが始まった。すると、男がさりげなく真由美の胸を服の上から揉みだす。おいおい、きたよ。きちゃったよ。抵抗しないんだな、真由美。すげー赤面してんじゃん。

しかし男が、胸のボタンを開けようとするのを、真由美は身をよじって避けた。どうやらこれ以上はムリらしい。

夫婦ゲンカの間だけクレームは止んだ

その後、新たな客は入ってこず、カップルのセックスを見届けて、オレたちは店を出た。

帰りの電車内、真由美はまだ赤い顔をしていた。

「どうだった?」

「うーん、思ったより大丈夫だったような…」

「また行く?」

「あの人たちがいるときだったらいいよ!」

…あれ、ちょっとムカつくのはなぜだ? なんかヤキモチ妬いてんだけど。

「オマエ、今日あいつに胸触られて感じてただろ」

「そんなことないよ」

「絶対そうだし」

「なんでよ、なんでそんなムッとしてんの?」

「してねーよ」

「だいたいアンタが行こうって言い出したんじゃん!」

この日からオレが謝罪するまでの1週間、夫婦仲は最悪だった。

――さて、なぜこの一件が本連載に関係するのか。

おかしなことに、夫婦ゲンカ中の1週間だけ、ババアからのクレームはピタリと止んだのだ。むしろその間のほうがうるさくしていたほどなのに。

そして仲直りの後は、またいつもの紙キレが。

『子供の足音がうるさいです』

オレは妄想した。

一家心中の道連れとなった子供は、死の前に、親の険悪な空気を感じ取ったことだろう。つまり彼（彼女）の霊は、夫婦仲の悪さが不幸へ直結することを知っているのだ。

1週間おとなしくしていたのは、オレと真由美への無言のアピールだったのか…。

無念のまま死んだ清庵さんの悪さ？

実に数年ぶりに、父方のじいちゃんが岩手から埼玉にやってきた。80歳を過ぎたというのにピンピンした元気者だ。

「ヒロシよ、結婚したんだべ？　どうだ、うまくやってんだか？」

「どうもこうもないよ」

義母は変な男にだまされるし、健輔は事故るし、雄介は受験に失敗するし、由佳はAVに出

清庵さん、この場を借りてご供養させていただきます

るし…あ、最後のは黙っとくか。

「そりゃ災難だべな。ところで、オメーの親父はどした？」

「一度帰ってきたけどまたどっか行っちゃったよ」

「そうか…」

そうかって、アナタの息子ですよ。ほんと、どういう教育してきたんだ。

「もしかしたら、セイアンさんのせいかもしれんぞぉ」

へ？　セイアンさん？

初めて聞いた。オレのご先祖さまに、建部清庵という蘭学者がいたのだと。江戸時代、あの杉田玄白と一緒に蘭学を学び、岩手には銅像まで建っているという。

「清庵さん、玄白たちに仲間外れさ、されてな」

「へえ」

「無念があって、おめぇらに悪さしとるんじゃなかろか。墓参りもしとらんじゃろ」

じいちゃん、考えすぎだ。でもなるほど確かに、オレの周りの不幸はマンションどうこうより、建部家そのものに問題があると考えるとスッキリする。

清庵さん、安らかにお眠りくださいませ。

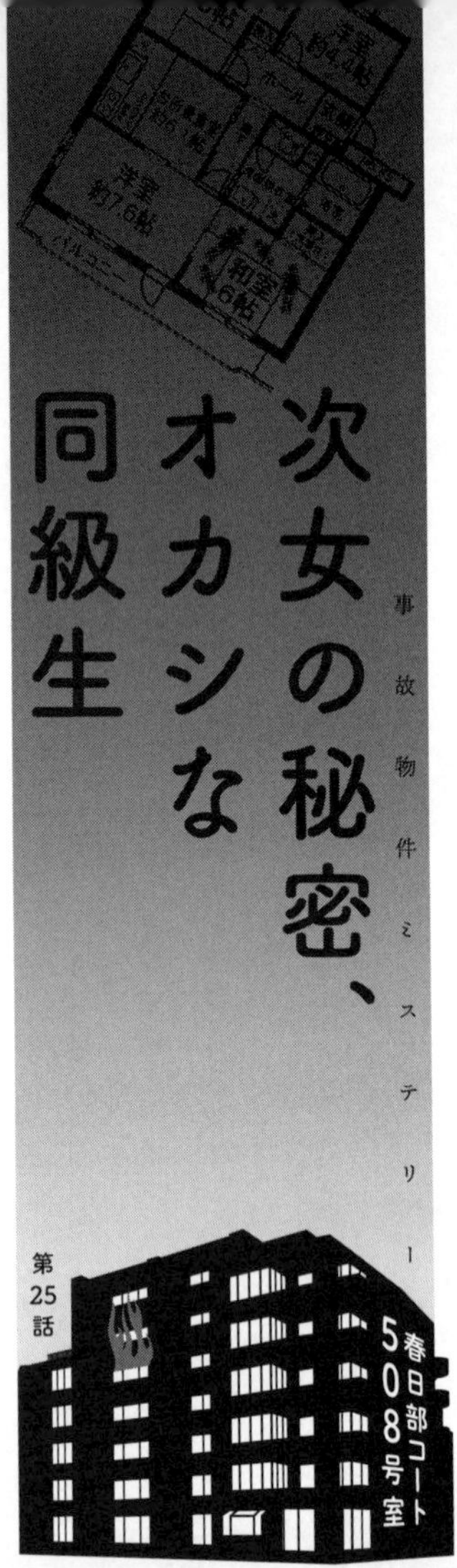

第25話

次女の秘密、オカシな同級生

事故物件ミステリー

春日部コート508号室

まさか小6が自殺はないだろう

2011年4月の初旬。東日本大震災による混乱が多少落ちついてきたころ、携帯が鳴った。母親からだ。

ヤツからの電話がいい話だったためしがない。地震でテレビが壊れたから買ってくれとか言うんじゃねーだろうな。

「もしもし。どうした？」

「あのね、美幸が、なんかヘンな人と友達になったの。今夜ウチに来てよ。もう大変なんだから」

美幸は建部家の小学6年生の次女だ。

以前、豊島マンションに遊びに来たあとに、三男・雄介の受験票を燃やすという奇行に出たことがあるが、以降は落ち着いていたはずだ。ヘンな人と友達になったってどういうこった？

実家では、母親がリビングで神妙な顔をしていた。美幸の姿は見えない。自分の部屋にでもいるんだろう。

「どういうことだよ？」

「こないだね、美幸がパソコンいじってたのよ」

美幸がパソコンに向かってる姿はオレも何度か見たことがある。ソリティアとかのゲームをやっていた気がするけど。

「それでね、ワタシが後ろを通ろうとしたとき、バッて隠したのよ」

ノートパソコンを閉じて「なんでもない」と、ゴマかしたらしい。

「で、美幸がお風呂に入ってるときにね、あの子の携帯が鳴って。登録してない番号からの着信だったの」

あろうことか、母親はその電話に出てしまった。

「男の子の声だから『誰？』って聞いたら『池田です』って。中学生なんだって」

池田クンの説明によると、美幸とチャットをしていて意気投合し、連絡先を交換したそうだ。

なるほどパソコンを隠したこととスジが通っている。あいつも年頃なんだな。

「そんなに心配しなくてもいいんじゃないの？」

「なに言ってんの。そのなんとかチャットサイト？　ってのは自殺未遂する人が集まってるって言うんだから！」

はぁ？　なんで美幸がそんなサイトに出入りしてるんだよ。オレまで怖くなってきた。まさか小6が自殺はないだろうけど、最近のガキはませてるからな。悩みでもあるのかも。

美幸の部屋をノックすると、無言でドアが開いた。表情が緊張してる。

「聞こえてたのか？」

「うん」

「池田クンとはまだ連絡とってるの？」

「…とってないよ」

ぜんぜん目を合わせてくれない。でも、あまりガンガン言うのも良くない気がする。

「なんでそんなサイト見てたの？」

「え、別に…」

「そういうのとか興味あるのか？」

「ないよ」

「池田クンは悪い人じゃないかもしれないけどさ、みんな心配するから、もうそういうサイトを見るのはやめろよ」

「…わかったよ、ハイハイ」

美幸はふてくされた様子でベッドに入り、頭まで毛布をかぶってしまった。

数日後、また母から電話があった。

『美幸ね、夜、電話で話してるみたいなのよ。絶対あの池田だよ』

あの年頃だから、中学生の悪っぽい男にあこがれてるだけなら健全だと思う。でももし…。

変わった人は霊的なモノを感じやすい

仕事帰りに駅から歩いていると、一人の女性とすれ違った。あれ？　誰だっけ、なんか見覚えがあるんだけど…。

向こうはすぐに気づいたらしい。後ろから声が聞こえた。

「建部くん？」

「へ？　…もしかして、水野？」

思いだした！　小学校の同級生の水野だ。久しぶりだなぁ。

「建部くん、元気？　結婚、した？」

「ああ、うん。お前も知ってる同級生の真由美と結婚したんだ」

「そっか、ああ。良かったね。私は、元気です」

水野は少しばかり鈍い子だ。なんというか、感性が独特というか、口ごもったり、急に目線をあらぬほうへやったりするおかしな子なのだ。

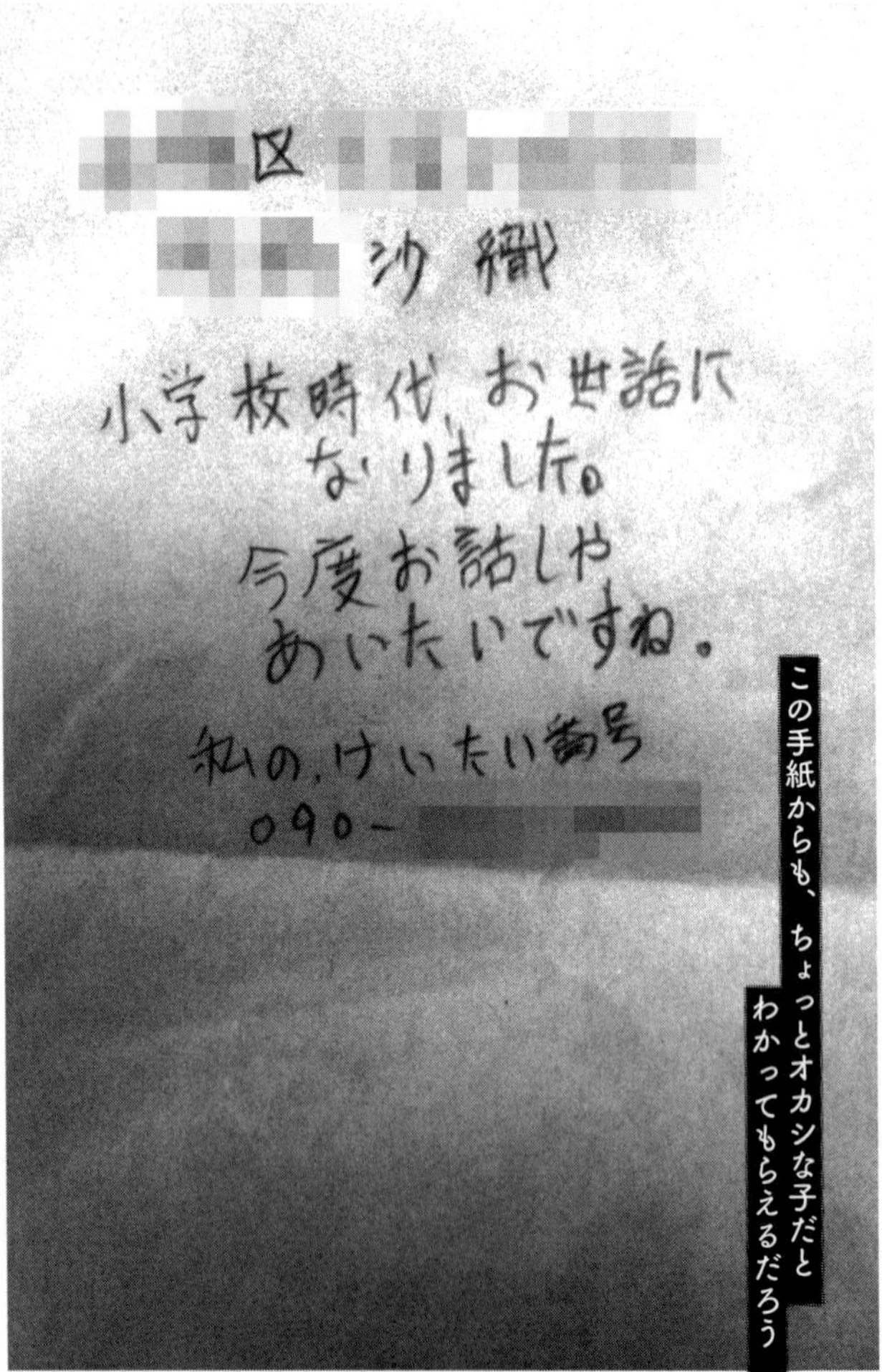
区
沙織
小学校時代、お世話に
なりました。
今度お話しや
あいたいですね。
私の、けいたい番号
090-

この手紙からも、ちょっとオカシな子だと
わかってもらえるだろう

「そうだ、じゃあ真由美ちゃんに、これ」

水野はメモを書いて差し出した。住所や携帯番号、メッセージが書いてある。こういうちょっとズレた律儀さもいかにも彼女らしい。

「ありがとう。渡しておくよ。またな」

家に戻ってその旨を真由美に伝えた。

「水野さんってあの？」

「そうだよ。変わってなかったわ」

「会いたいって言われてもねぇ」

ほとんど話をしたことはないのにと真由美は少し引いている。

「今度ウチに呼んでみるか」

「やめてよ～。なに話せばいいかわかんないもん」

オレはぜひ招きたかった。映画やドラマでも、ああいう少し変わった人は霊的なモノを感じやすいことになっている。このマンションに入って何を思うのか、ちょっと聞いてみたい。


「何か感じる？」「うん、頭痛い」

週末、水野が春日部コートにやってきた。誘えばすぐに来てくれるあたり、やっぱり水野だ。

湯呑みのお茶を一気に飲み干し、そしてまた次も一気飲み。おもしろい子だな。

「真由美ちゃん、久しぶりね。あ、かわいい赤ちゃん、こんにちは」

「ありがとう」

真由美はぎこちない笑顔で応対している。が、しばらく昔話をしているうちに「なんかお菓子用意するね」とキッチンに逃げ込んでしまった。どうにもウマが合わないようだ。

では本題に入ろう。

「このマンションって何か感じる？」

「うん、頭痛い」

いきなりそう来るか！　お前、さっき入ってきたばっかじゃん。

「頭？　マジで？」

「うん、きーんって痛い」

水野よ、ホントなのか。ていうか、いつも痛いんじゃないのかよ。

「そうですね、うん。もうちょっとしたら帰ります」

「え、誰としゃべってんの？」

「建部くん」

「だよな」

「うん」

なんだこれ、何が起きてんだ。元々がおかしな子だけに判断つかないぞ。

「もう帰るの？」

招いたオレが間違いだったか

「ちょっと疲れました」

水野はテーブルのお菓子に手をつけずに、そそくさと帰ってしまった。20分もいなかったんじゃないのか。

謎の頭痛。急に登場した「ですます」調。その理由を探ってみたい気は山々なのだが、なぜか水野は今も電話に出てくれない。

事故物件ミステリー

殴り合い、妻のマルチ勧誘

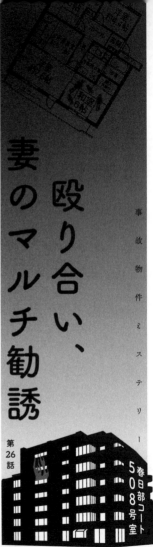

第26話

母親から毎日のように電話がくるようになった。美幸がいまだに自殺サイト男と連絡をとってるのではと疑っているようだ。

なぐさめてやろうと週末にひとりで実家に向かったところ、母親はずいぶん顔色が悪かった。頬もこけたようだ。

親子とはいえ女同士というのはどこか関係がギクシャクするようで、まだ本音を語り合ってはいないらしい。ここはやっぱり長男のオレがしっかりしなくては。

美幸をリビングに呼び、オレは二人を諭した。

「お母さんまだ心配してるんだぞ。あの男とはもう連絡とってないんだよな？」

「とってないよ」

「母さんもこれ以上心配したら病気になっちゃうぞ。信じてやれよ」

「うん、そうね」

美幸は母親のほうを見ようともしない。でもあーだこーだ繰り返してもどうせこのままだ。

「じゃあこの話は終わりな。よし、今日の夕飯はオレがオムライス作ってやるよ」

昔から二人はオムライスが大好物なのだ。まったく長男は気苦労が絶えないぜ。

メールが発端で三人による殴り合い

夕方には弟の健輔と雄介の二人も帰ってきて全員でテーブルについた。オムライスをほおばりながら久しぶりの家族団らんだ。

「美幸、食べたらお風呂入っちゃってよ」

夕食後、母に言われたとおりに美幸は着替えを持って風呂場に向かった。シャワーの音が聞こえてくる。

…母は何も言わずに美幸の部屋に入っていった。そしてしばらくすると一直線に風呂場へ突進していく。手に美幸の携帯を握って。

バチーン！

「このウソつき!!」

大きな音と叫び声が響いた。少し遅れて美幸の泣き声も聞こえてくる。

風呂場では素っ裸の美幸が顔をおさえていた。

「なにがあったんだよ!?」

「この子はまだあの男とメールしてるんだよ！　ウソついてたの!!」

顔を真っ赤にして怒り狂う母と、泣きながら謝る美幸。そしてさらなる平手打ちが。

バチーン！

そのとき後ろから大きな影が現れて、母親の顔をぶん殴った。

バコン！

次男の健輔だ。

「子供に手を出すな！」

するとそこにまた新たな影が。

バコン!!

三男の雄介である。

「お母さんに何するんだ！」

お、お前ら、どんだけ熱いんだ。兄ちゃん、付いていけないよ。

弟たちが殴りあい、仲裁しようとした母もパンチやキックをもろに受けている。もはや美幸がどうこうではなく、まるで普段のうっぷんを晴らしているかのようだ。

と、玄関をドンドンと叩く音が聞こえた。

「警察です、開けてください」

マンションの誰かが通報したらしい。血だらけの顔になった3人はようやくおとなしくなった。

警察が帰ったあと、鼻を腫らした母親に聞いた。

「美幸の携帯、見たんだろ？　どんなメールだったんだよ」

「信じられないよ。『自殺したら楽になるから』とか『不満なんてすぐにどっかにいっちゃう』とか、なんでそんな変な男とメールしてるんだろ…」

そうか、そりゃビンタぐらいかましてやらないとな。にしても美幸、お前ほんとに大丈夫なのか？

化粧品が日に日に増えていく

オレにはオレの家族がいるので実家ばかりかまっていられない。週末は春日部コートでのんびりお休みだ。

いつもは布団の中にいる土曜の朝だというのに、妻の真由美がのんきにおめかしをしていた。

「今日は友だちと会ってくるからさ、夏美を見ててもらっていい？」

まさか入会してないよな…

高校時代の友だちから久しぶりに連絡がきて会うことになったそうだ。どうぞどうぞ、オレもそのほうが気楽でいいし。

真由美は夕方に帰ってきた。

「ただいま〜。見て見て。ワタシの顔、なんか違うでしょ？」

「え？　どのへんが？」

「よく見てよ」

友人の使ってる化粧品を塗ってきたんだと。そんなん言われても関心ありませんから。

「ノンちゃんさ、その化粧品を自分で仕入れて売ってるんだって。けっこう儲かってるらしいよ」

なんだか怪しげな話になってきた。それってア●ウェイとかじゃないのか？

「私もね、同じ仕事をやりたいなって思ってるんだ」

「は？」

「あのね、私が参加するとノンちゃんも儲かるし、私がまた他の人に紹介するとその分もお金になるんだって」

「やめとけって」

「えー、でももうやるって言ったし」

ダメだこいつは。何もわかっちゃいない。

「とにかくダメなもんはダメだから。認めないから」

強く反対したオレだったが、以来、我が家の洗面台にはよくわからん化粧品が日々、増え続けている。サンプルでもらっただけだと真由美は言うのだけれど。

事故物件ミステリー

実の父、新しい父

第27話

春日部コート508号室

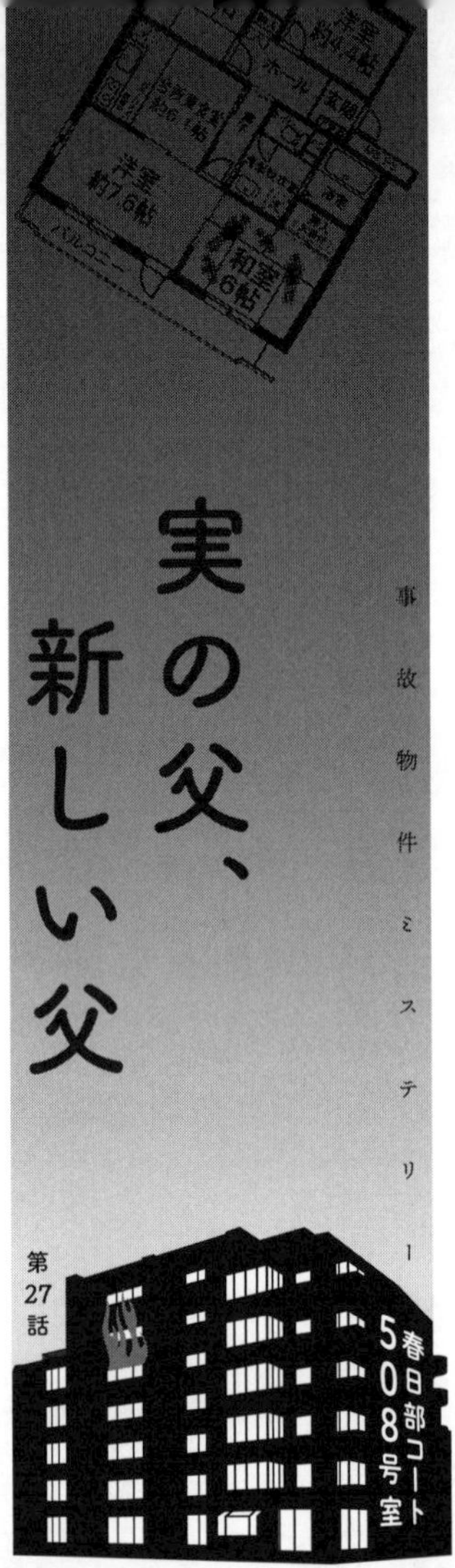

親父の死に気丈にふるまう母

前号が発売されてすぐ、オレの携帯に末尾「110」の番号から着信が入った。警察からだ。

「建部博さんの携帯でよろしかったでしょうか?」

「そうですが…」

「●●警察署の者です。お父様のことでご連絡させていただきました」

親父？　ヤツは長いこと失踪中で、夏美が産まれたときにいったんひょこっと帰ってきたけど、今は音沙汰もない。ったく、あのヤロー、何をやらかしたんだ？

「どうかしたんですか？」

「残念なのですが、本日未明に亡くなりました。つきましてはご遺体の確認に来ていただきたいのですが」

…亡くなっただって？

すぐ家族全員に連絡し、遺体を安置している病院に向かった。安置室の重い扉の向こうで横になっていたのは、紛うことなくウチの親父だった。ウソだろ…。

医者が死因を説明した。

「心臓発作だと思われます。公園で倒れていたそうです」

さほど悲しくないのが我ながら薄情な気もするけど、ずっと連絡もしてないんだからしょうがないよな。

葬式は家族だけでしめやかに執り行った。棺に花を入れながら、母親が毒づく。

「まったく、いきなり死んじゃっ

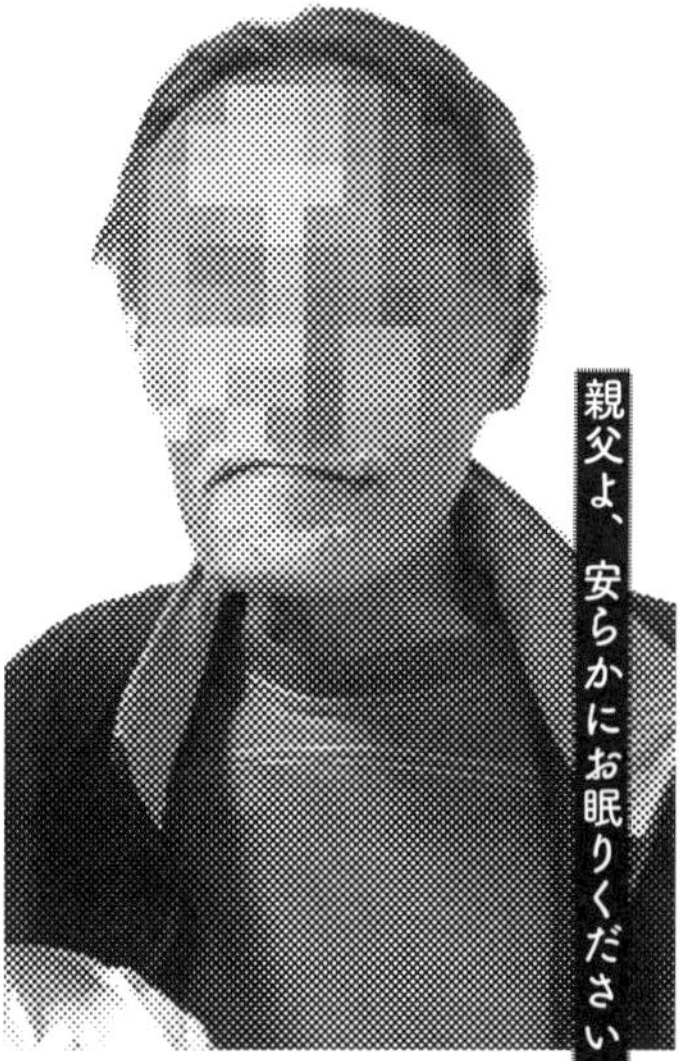

親父よ、安らかにお眠りください

てさ。忙しいんだから時期くらい考えてよね。ああー、やっと胸のつかえがとれたわ。どこにいるかわからない人を心配しなきゃならないのは大変だったからね」

きっと母なりの別れの言葉なんだと思う。わざと気丈にふるまうのが妻として、母として最善の態度だと判断したのだろう。

公園のベンチにいたイラン人のおじさん

葬儀から数日後、役所の手続きなど細かい打ち合わせのため、実家に向かった。母はリビングでテレビを見ながらゲラゲラ笑っている。

「ずいぶんご機嫌だねぇ」

「あら、ヒロシ君。この番組おもしろくてさぁ」

まったく、四十九日も明けてないのにノンキなもんだ。

「そうだ、ちょっと話があるのよ」

「どうしたの？」

母はテレビを消して改まった。

「こんなときにあれだけどさ、会って欲しい人がいるのよ。覚えてるかなぁ。ヒロシ君も昔会ったことがある人なんだけど」

「誰だよ」

「サイードよ。覚えてるでしょ？」

サイードってあの男か…。

今から15年ほど前、小学校4年生ぐらいのある日、母に連れられて近所の公園に向かった。母はオレの手を引いて一目散にベンチへと進んでいく。そのベンチに座っていたのがサイードだ。毛むくじゃらでやたら濃い顔のおじさん。後でイラン人だと知ったが、初めて見たときは怖かった覚えがある。

その人はオレの頭をなでて「コンニチハ」と言ったきり、母としゃべりつづけた。オレは1人でサッカーボールを蹴りながら、楽しそうに談笑する二人を見ていた。

以来、同じようなことがたびたびあった。母親がオレを連れて公園に行くときはいつもサイードがベンチに座っていた。子供心にも「お母さんとおじさんはなんかイケナイことをしている」と不安だったものだ――。

「あのイラン人のおっさんだよね」

「そう。ワタシ、サイードと結婚しようと思ってるの」

…はぁ～!?　ちょっと待て、親父が死んだばかりだってのに、なにを言っちゃってるんだよ。

「ずっと連絡とってたのか？」

「カレがあの事件で国に帰ったでしょ？　それからしばらくは音沙汰なかったんだけど、つい2年前くらいに電話が来たのよ。それからはときどき電話で話してるの」

あの事件とか国に帰ったとか、なんにも知らねーし。

母が大事に持っていたサイード（左）とのツーショット写真

「言ったじゃない。あの人ね、テレホンカード売ってたのが見つかって強制送還させられたのよ」

なんじゃそりゃ。立派な不良外人じゃないか。そんなのが新しい親父になるってのか。

「いま日本にいるのか？　そんなヤツやめとけよ。ロクなもんじゃないよ」

「今はまだイランにいるのよ。今度日本に来るって言ってるからヒロシ君にも会わせるね」


「身だしなみを整えておかなきゃいけないの」


2年前からひそひそ相談し、親父が死んでようやく結婚バナシが本格的になったってことか。まあ、オレは独立したからいいとしても、実家の弟や妹はいきなりイラン人のおっさんが家にやってきても困るだろう。

説得しようと再び実家を訪れると、母が出かける準備をしていた。

「どこ行くんだよ。まさかサイードが来たの!?」

「まだ来てないわよ。美容室に行ってくるの」

美容室だと？　いつもは「お金がもったいないから」って自分で切ってるくせに。

母親は2時間ほどで帰ってきた。

「見て見て、オシャレでしょ？」

はぁ。どこが変わったのかよくわからないんですけど。

「そんなことよりサイードのことなんだけど」

「早く日本に来たいって言ってるわよ。ワタシも身だしなみを整えておかなきゃいけないの」

だから美容室か！　気が早すぎだっての！

母は自室から紙袋を抱えて出てきた。

「これもね、買ったんだ」

出てきたのは洋服だった。新品のワンピースが3着。浮かれすぎにもほどがある。

「あの人、ワンピースが好きだから。似合うでしょ？」

嗚呼、建部家はいったいどうなってしまうのか。オレにできることは、サイードがアルカイダのメンバーじゃないことを祈るのみだ。

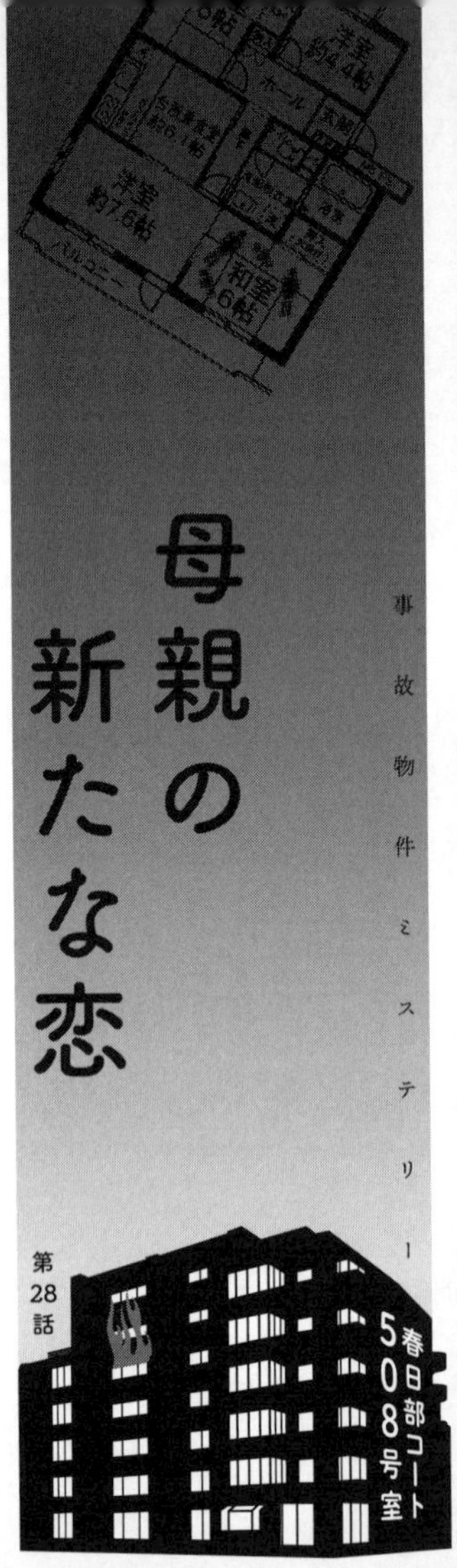

事故物件ミステリー

春日部コート508号室

第28話

母親の新たな恋

てことは恨みによる犯行？

ある日、会社に到着してすぐのことだ。嫁から携帯に着信が入った。

「もしもし？　ねえ、車が…」

「車がなに？」

「窓が割られてるの!!　車上荒らしだよ」

駐車場はマンションから少し離れたところにある。歩いて1、2分の距離で、春日部コート住人のほとんどが車を停めている。全部で30台ほどだろうか。

特に高級車も並んでないのに、車上荒らしってのはどこにでもやってくるんだな。ウチの車にだってたいしたもんは置いてないし。

とにかく警察を呼ぶように指示して電話を切った。

夜、車を確認した。助手席後ろの窓ガラスが粉々になって車内が丸見えだ。クソっ、どこのどいつだよ。

…あれ？　おかしいな。

他の車はまったく被害にあってないじゃないか。窓を割られたのはウチのだけ。ピンポイントで狙われたってか？

嫁に尋ねた。

「警察はなんだって？」

「やっぱり車上荒らしだろうって。でもなにも盗られてなかったから良かったよ」

警察の説明によれば、窓の下からドライバーを突っこんでいる手口から見て車上荒らしに間違いないそうだ。でもなにも盗らないなんてヘンだよな。ステレオやカーナビだってあるのに。

「警察もそう言ってたよ。窃盗団ならそのへんをまとめて盗んでくみたい」

うーん。てことは、恨みによる犯行？　オレや嫁は問題ないだろうから、義母の昌子か。グリーで知り合った男にでも尾行されたのかもな。

こいつは、今後も注意しないと。

ウチで恨みを買うような人間は…

こんど結婚したいのはフェイスブックの金持ち

　ところでウチの母だ。

　先月号（236ページ参照）で報告したとおり、不良外人サイードと結婚すると浮かれていたのに、あれから音沙汰がない。ちょっくら様子を見にいくか。

　実家のチャイムを鳴らすと、予想外にニコニコした母が飛び出てきた。

「あら、いらっしゃい。どうしたの？」

「どうしたのって、なんでそんなに楽しそうなんだよ」

「フフフ。まぁ入って」

　母は鼻歌を唄いながら麦茶を出した。

「サイードはどうなったの？」

「え？　あー、まだわかんないのよ。出国するのにトラブってるみたいでね」

「ふーん、それにしてはご機嫌だね」

　じーっとオレの目をみつめた母は、無言でパソコンを立ちあげている。開いたのはフェイスブックだ。こんなの登録してたのか。

「この人。ほら、ちゃんと見て」

知らないオッサン、いやおじいちゃんのページだ。メガネをかけた外人。誰これ？

「ドイルさんよ。この人、来週ワタシに会いに来るから。結婚してって言われてるの」

ハア!?

状況がいまいち理解できない。あんた、サイードと結婚するんじゃなかったっけ？

「フェイスブックで仲良くなってね、彼がワタシにひとめぼれしたみたいなのよ」

アメリカ在住、エンジニアをやってる50歳のドイル氏は、〝好きだ、愛してる〟としつこいくらいにアプローチしてくるらしい。

「来週の火曜、仕事で日本に

ドイル氏。本人写真かどうかも定かじゃないが

来るんだって。夜に会えないかって言われてるのよ。どうしようかな〜」

このオバハン、親父が死んで欲望のタガが外れたのか。何がどうしようかな〜だよ。

「迷ってるんなら会わなければいいじゃん」

「でもカレね、お金持ちなのよ。貯金が300万ドルもあるんだって」

300万ドルって…2億5千万円（2011年当時）!?　そんなウマイ話あるわけないだろ。

「まぁわかんないけどね。会うだけ会ってみようかしら」

遅めのモテ期とでも勘違いしてるのか、「どうしよう」なんて言いながら鏡の前で洋服を合わせている。それはサイードのために買ったワンピースだろ。


〝ハニー、アンディはXboxを欲しがってる〟


ドイルの来日が明日にせまった。やはり不安だ。300万ドルも持ってるアメリカ人が、50過ぎのオバハンに恋？　ありえないよ。オレも同行しようかな。

再び実家を訪ねた。

ピンポーン。

チャイムを押してもなかなか出てこない。何度か鳴らしてようやくトビラが開いた。

「……」

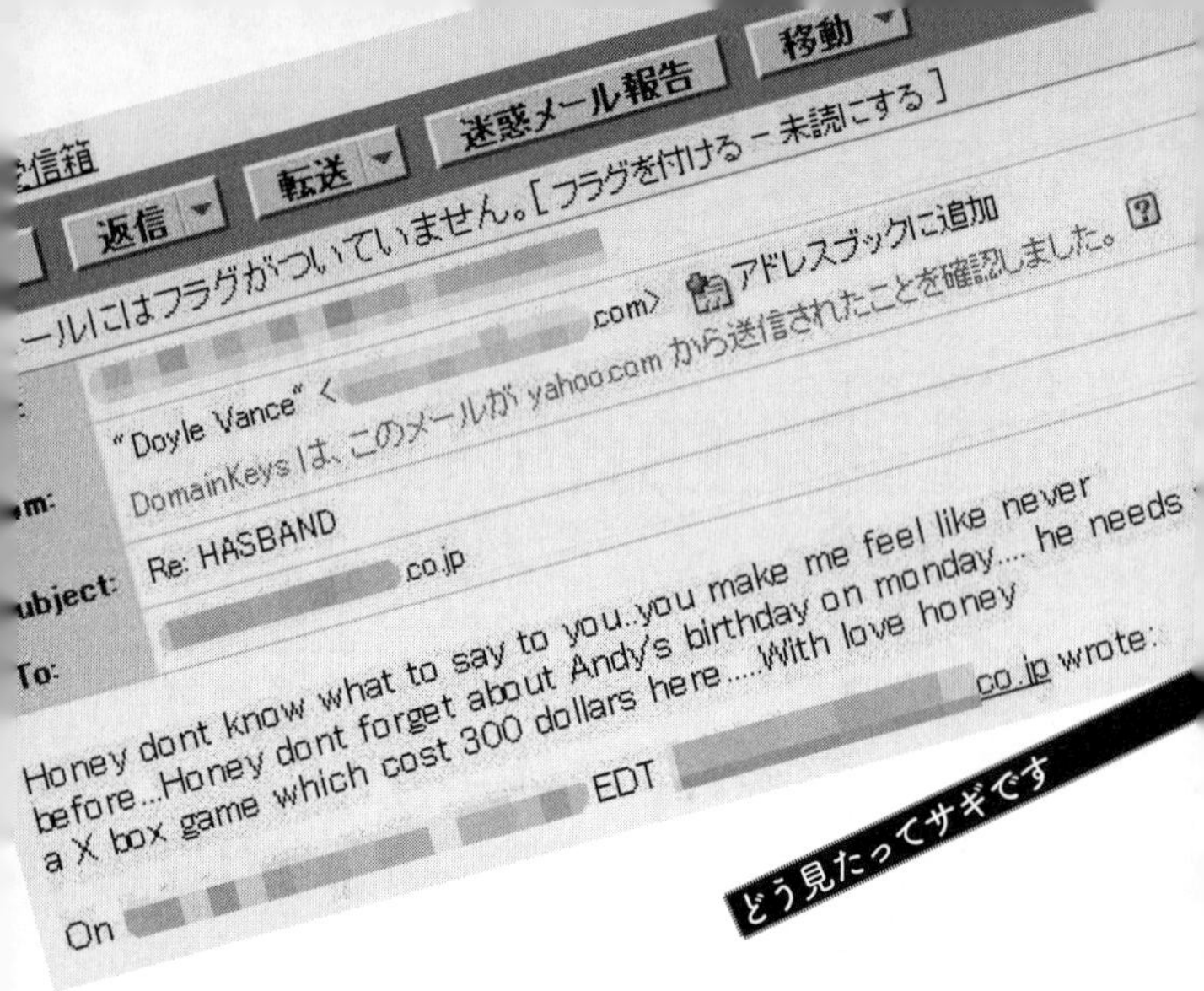

どう見たってサギです

無言。すげー暗い顔。これは確実になにかあったな。

「どうした？　ひどい顔して」

「…はぁ」

母は前回と同じようにパソコンを立ちあげた。メール画面を開き、「読め」と指差す。

文面は英語だ。

〃ハニー、次の月曜日はアンディの誕生日だって覚えてる？　アンディはキミからＸｂｏｘをプレゼントして欲しいと言ってる。３００ドルくらいだそうだ〃

アンディって誰だよ。

「息子さんだって。子供がいるなんて初めて知ったわよ。なんでワタシがゲームを買わなきゃいけないんだか」

そりゃそうだ。続いて次のメール。

〃キミはいずれ家族になるんだから、ぜひ買ってあげてほしい。お金を振り込んでくれたらこっちで買うから、とにかく振り込

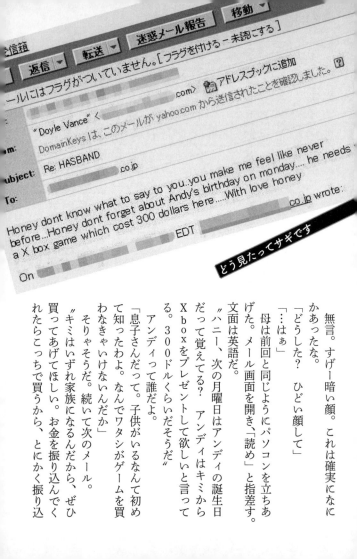

んでくれ〟

　母が爪をいじりながらつぶやく。

「2万5千円くらい振り込んでやってもいいけどさ、これ、詐欺じゃない？　2億5千万円も貯金がある人がそんなお金振り込めって、どう考えてもおかしいよね」

　残念だけど、オレも同意見だ。国際的な振り込めサギと断定していいだろう。

「頭きちゃってさ。まぁ最初から期待してなかったからいいんだけどね」

　涙目になっている。少しかわいそうになってきたかも。

事故物件ミステリー

霊を信じる母子

第29話

春日部コート508号室

「オジサンの霊が憑いてるって言うの」


2011年7月末の日曜のことだ。

寝ぼけまなこでリビングに起き出したオレの目に、見慣れないオブジェが飛びこんできた。

ん？　何これ？　線香じゃん。なんで朝っぱらから線香立ててんだよ！

キッチンで鼻歌を唄う真由美はコトもなげに言い放った。

「昨日友だちが病院行くのに付き添ったんだけど、その先生がやったほうがいいって言うから」

「はあ？」

「霊が見える人なんだよ」

なんとも要領を得ないが、よくよく聞けばこういうことらしい。

友人と一緒に行ったのはさいたま市にある整体なのだが、そこでは普通の診療の他に霊視もやっており、ずいぶん〝当たる〟と評判だそうだ。興味がわいた真由美は自分も視てもらった。

「ウチの近くに川が流れてるでしょって言われたの。当たってるんだよね」

たしかに家の近くに川は流れている。でも汚いドブだし、このレベルの川ならどこの家の近所にもあるわけで…。

「マッサージされながら質問に答えてたらさ、オジサンの霊が憑いてるって言うの」

うーん。真由美は知らないことだけど、過去、この部屋では一家心中が起きている。その中には当然オッサン（お父さん）がいたわけで、そいつが憑いてる可能性は否定できないけど…。

「それで線香をあげろって言われたからさ」

マルチにはまりかけたときもそうだったけど、こいつ、ホントに影響されやすいんだな。そんな適当な霊視に4千円も使うなんて、バカ丸出しだ。

「ヒロシも視てもらったら？　この前の車上荒らしもそうだけど、最近ウチの周り、変なこと多いし」

オレに言わせれば、変なことが多いのは最近に限った話じゃない。ずっと前から建部家は変なのだ。

さらに数日後。リビングに、また新たな線香立てが増えていた。前で手を合わせているのは、義母の昌子だ。

「…あのー、どうしたんですか？」

「真由美から聞いてない？　ワタシも行ったのよぉ」

「ああ、霊視とかってやつですか」

「そう。ワタシはね、近ごろ肩が重いから視てもらったんだけど、やっぱり憑いてたみたい」

「なにが？」

「ヘルメットをかぶった男の人だって。だから供養しなきゃいけないの」

義母が過去に旅行に行ったときに、炭鉱で働く男の霊が憑いたそうだ。それも一人じゃなく三人も。昌子はなにかをブツブツ唱えながら手を合わせ続けている。

まったく親子そろってバカもいいとこだ。炭鉱夫のせいで肩こりになんかなるかよ。ただの運動不足だってての。

なんだか腹が立ってきた。2人にではなく、その整体師にだ。わが家からすでに8千円もむしりとりやがって。毎朝、線香のニオイに包まれるオレの身になってみろよ。

ヤツの顔が見たくなってきた。だいたい一家心中に触れてこないあたり、インチキに違いないわけだし。

「真由美、オレも行ってみたいんだけど」

「じゃあワタシもついていってあげる」

真由美はニコニコしながら予約の電話を入れた。

「家はぜんぜん大丈夫です」


そこは病院というより普通の一軒家だった。小さな部屋にベッドが置かれ、そばに先生が座っている。

「ああ、建部さんね。じゃあこれ書いてくださいね」

名前や住所を書き、ベッドに座るように指示される。

「今日はどうしました？」

「えっと、先生は霊が視えるって聞いたんでボクにも憑いてるかなって」

「なるほどね。視てみましょう」

オレの肩にタオルをかけた先生は、さきほど記入した紙を手にした。

「タテベヒロシ、埼玉県春日部市×××…埼玉県春日部市××××…」

低い声で住所と名前をひたすら唱え続ける先生。それでなにがわかるんだ。家の景色が見えるってのか？

住所ぶつぶつは5分以上も続いた。

「タテベさんね、家の近くに道路ない？」

「え、ありますけど（あるに決まってんだろ）」

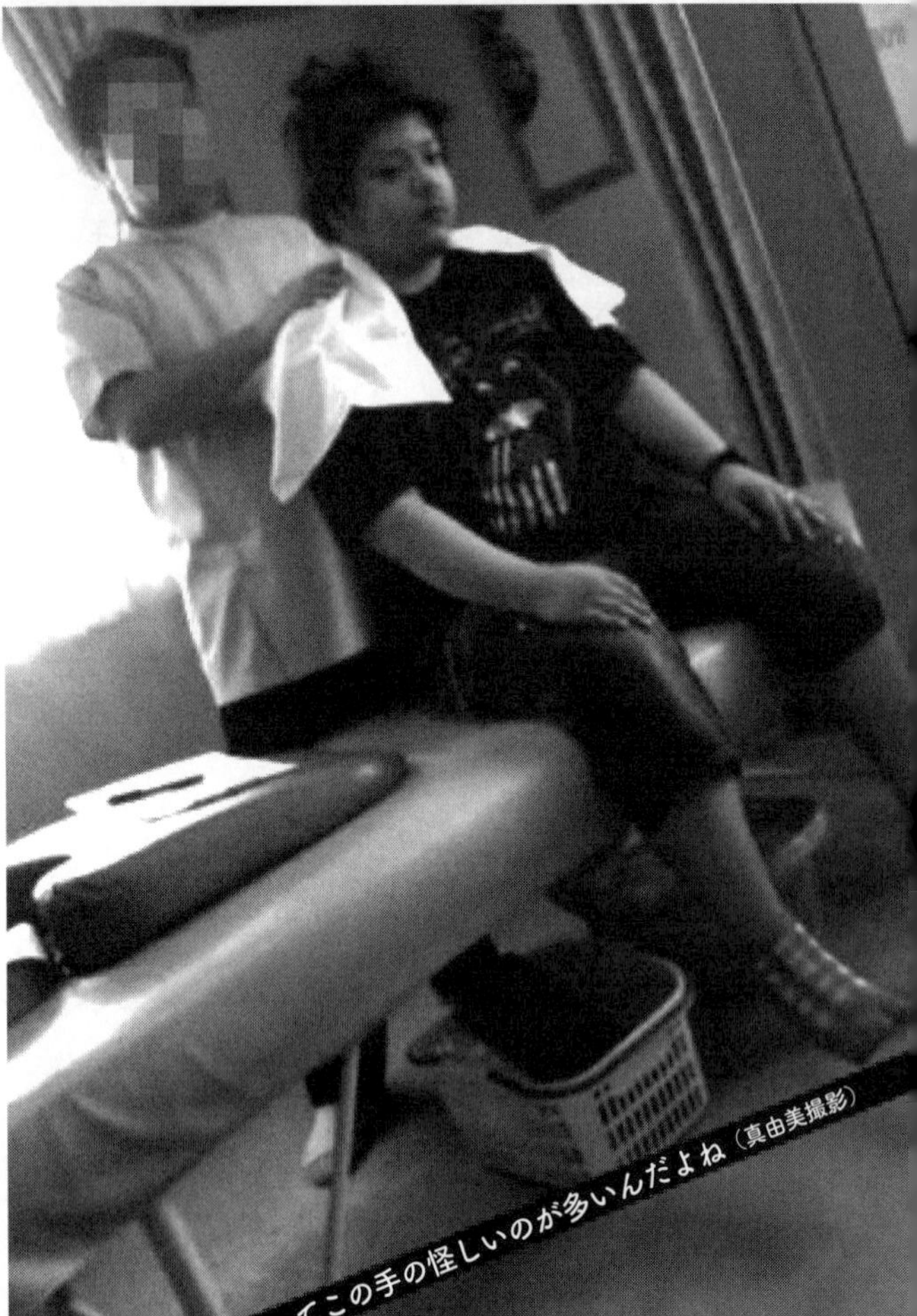
整体師ってこの手の怪しいのが多いんだよね（真由美撮影）

「そこで…そうだな…草の生えてるようなところかな…交通事故かな…」

かな、かな、って誰に尋ねてんだよ。

「女の人、主婦かな…事故にあったみたいです」

「事故？　いつごろですか？」

「それはわからないけど…タテベさんが通ったときにくっついちゃったのかな。うん、そうだね。30代の女性が憑いてます」

いつだかわからない交通事故で亡くなった主婦が、オレの肩についているそうだ。インチキくせぇぇー！

「あ、ちょっと待って、あと、そうだな…小さい子、女の子…」

「女の子？」

「居酒屋とかよく行きません？」

そりゃあ行きますよ。さっきの紙の『お酒は飲むほうですか？』ってとこに、はいと答えたくらいですから。

「そこで4歳くらいの女の子がついてきたみたいです」

なーにを言ってんだか。ウチにはもっとわかりやすい霊がいるだろうに。

「ちなみにボクの家にはなにかいますかね？」

「というと？」

「いや、霊とかオバケとか」

「いないですよ。家はぜんぜん大丈夫です」

我が家はこんなことになってます

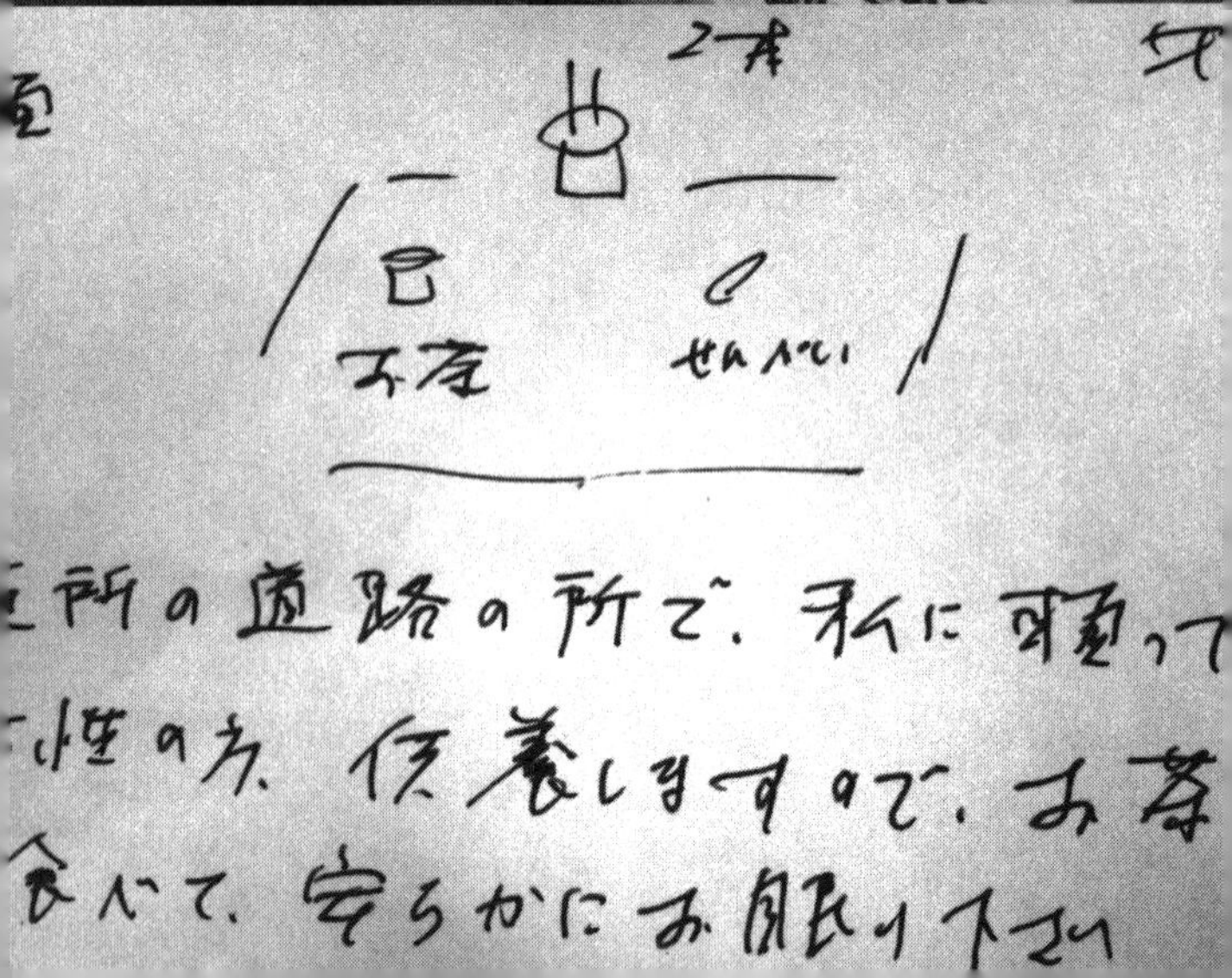
2本
お茶
せんべい
所の道路の所で、私に頼って
性の方、供養しますので、お茶
食べて、安らかにお眠り下さい

やっぱりコイツは信用できん。

軽いマッサージをして診療は終了した。先生は紙になにかを書き記している。

「供養の方法です。明日からやれば霊は成仏されますから」

線香の立て方と、唱えるべき言葉が書いてあった。

『近所の道路の所で私に頼ってきた女性の方、供養しますので、お茶とせんべいを食べて、安らかにお眠り下さい』


翌朝、線香のニオイとともに、リビングから二人の声が聞こえてきた。

『近所の道路の所で私に…』

信じようとしないオレの代わりに、拝んでくれているらしい。ご丁寧にお茶とせんべいも置いてある。

こうやって二人はオカルトにハマっていくのだろうか。とりあえず金の管理は任せないほうがよさそうだ。

事故物件ミステリー

不幸の連続に真由美は…

第30話

春日部コート508号室

またウチの車だけタイヤにイタズラが

例の整体師に除霊してもらい、供養までしっかりやったというのに、我が家に安穏な日々が訪れる気配はないらしい。

ある日曜の朝のことだ。

オレと嫁は買い物のため車に乗りこんだ。が、駐車場から出てすぐに異変が。

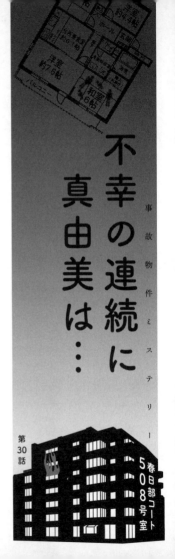

「なあ真由美、なんか変な音聞こえないか？」

「え、なになに？　本当だ」

シュー、シューと空気が漏れてるような音が、窓を開けるとさらに大きく聞こえる。

車からおりてタイヤを見るとなんだか見慣れないキズがある。なんだこりゃ。

「何コレ？　空気漏れてるのかな」

さほど大きなキズではないが、これ以外に音が出る原因はなさそうだ。縁石にでも乗り上げてついたキズだろう。

と思っていたら、持ち込んだ車の修理工から思わぬ言葉が返ってきた。

「あちゃー、やられましたね。イタズラですよ」

包丁かなにかで故意に切られた跡と見て間違いないそうだ。

思い出すのは9月号の本連載（242ページ参照）で報告した車上荒らしだ。しかも前回同様、同じ駐車場でタイヤを傷つけられた

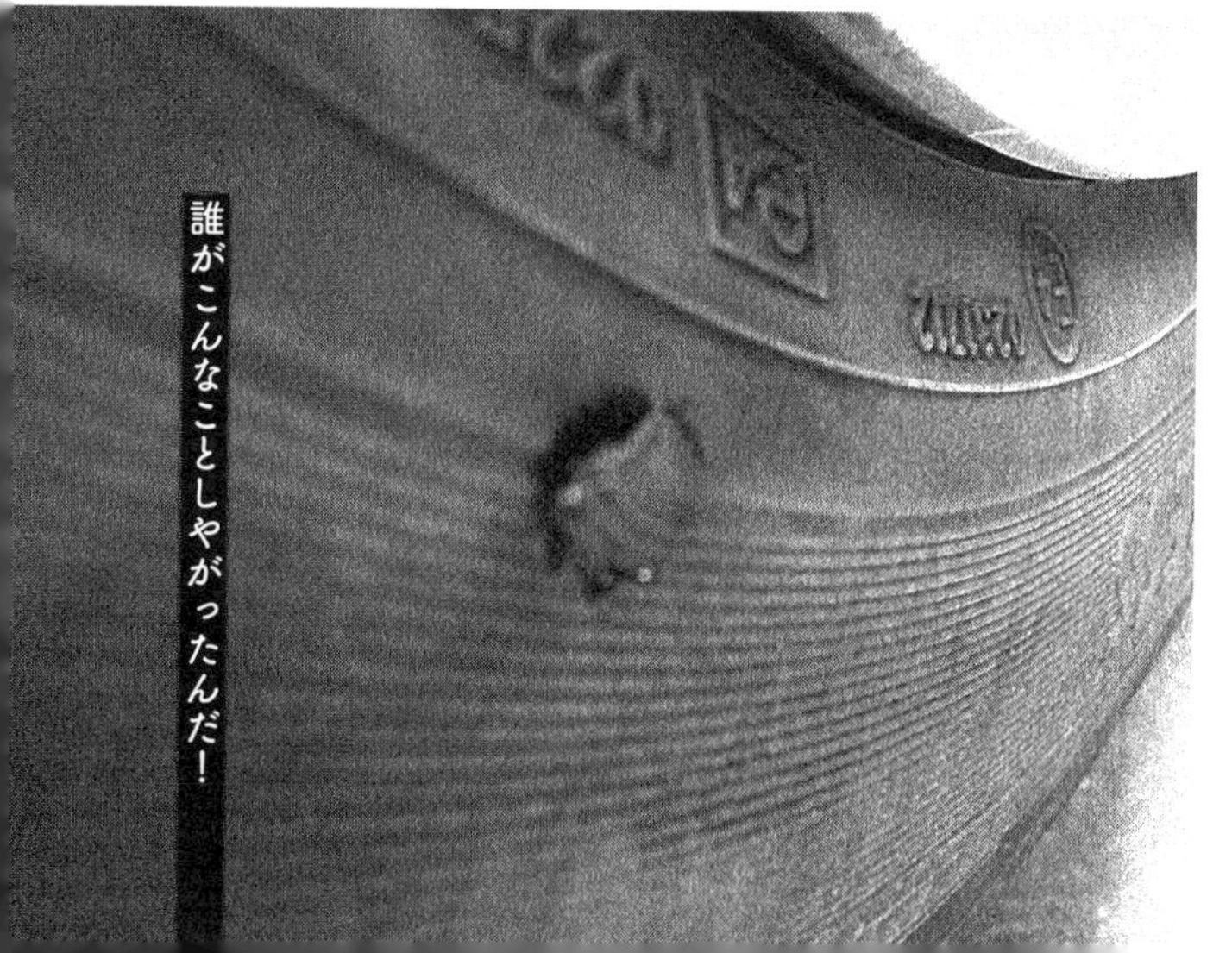

のはウチだけだった。誰が誰に恨まれてるんだ…。

グリーのみっちゃんが自殺未遂を

そんな折、久しぶりに嫁のお父さん、良勝から飲みに誘われた。こういうときはたいてい、自慢話がはじまるわけで…。

「いやー、新しい女ができてさ、これがまたイイ女なんだよ」

居酒屋のテーブルで、義父は盛大に笑った。

この人、義母の昌子とはだいぶ前に離婚し、その後は金持ち女のヒモだったがカネを返済しろと迫られて別れている。また性懲りもなく新しい女を見つけたのか。

「すごいですね。でもどうやって出会うんですか？」

「ああ？　グリーに決まってるだろ。グリーはオイシイぞ〜」

「ゲームとかで仲良くなって？」

「んな面倒なことするか。爆撃よ。住所が近いヤツに片っぱしから爆撃メールってヤツだな。ハハハ」

爆撃って。そんなの出会い系へビーユーザーしか使わない言葉なんですけど。

新しい女は40ちょいで、バツ1同士、すぐに気があったそうだ。

「みっちゃんって言うんだけどさ、今度会わせてやるよ」

みっちゃんは気立てがいいだの、純粋な心の持ち主だの、さんざん聞かされて会はお開きになった。

それから数日後の深夜、布団に寝転ぶ真由美の携帯が鳴った。

「もしもし、お父さん？　え、なに？　自殺未遂!?」

センセーショナルな言葉に布団から飛び起きた。自殺って誰が？

「わかった、すぐ行くから待っててね、はい」

「誰が自殺未遂だって？」

「お父さんの彼女…。病院に行きたいからすぐに公園まで車を出してほしいって」

彼女？　みっちゃんのことか。話を聞くかぎり自殺するようなキャラとは思えなかったけど…。

オレたち夫婦は二人で指定された公園に向かった。ベンチには義父と、その膝を枕に寝る女性がいた。苦しそうな顔で目を閉じている。

救急病院にみっちゃんを連れて行き、オレたちは廊下で事情を聞いた。

「どういうことなんですか？」

「うん…公園を歩いてたらトイレに行きたいって言って。しばらく戻ってこないから見に行ったら倒れてたんだ」

そばには空になった風邪薬のビンが転がっていたそうだ。一気に飲んだのだろう。

「でもなんで自殺なんか」

「アイツ、もともと精神的にアレでさ。昔からよくあるらしいんだよ。それは聞いてたんだけどな」

そりゃ、グリーの爆撃に引っかかるような40歳なんだから、マトモな人ではないだろう。

幸い、彼女は深刻な容態ではないようだった。

義父とみっちゃん、この関係には今後も目が離せそうにない。

オレの母親も立て続けに骨にヒビが

悪いことは続くものだ。その数日後に今度はオレの母親から電話が入った。

『ヒロシ君、痛いよ、痛い…』

『は？　どうした!?』

『ヒザが痛いの、転んで、たぶん折れてるよ…』

だったらオレなんかじゃなくて救急車を呼べよと助言し、オレと真由美は病院に向かった。

母は左足に大げさなギプスをつけて、待合室で座っていた。松葉杖は必要だが、もう帰って問題ないらしい。

「どこで転んだの。折れてた？」

「折れてないけど、ヒビが入ったみたい。家の中で転んじゃってさ」

その2日後、再び母から電話が来た。

『痛い…ぜったい折れてるよ』

『ヒザが？』

『肩から倒れたの。動けないよ』

だから救急車呼べっつーの。

診断結果は、またもや肩の骨にヒビ。風呂掃除をしてるときにツルっと滑って、肩から落ちたんだと。

帰りの車中で真由美がこぼす。

「最近ホントによくないことばっかりだよね。もっとしっかり御祓いしないとダメかもなぁ」

連日のように病院に付き合わされてるからか、ずいぶん疲れた顔をしている。

その晩、真由美は決心したように「よし」と言って、電話しはじめた。

「お父さん？　週末空いてる？　除霊してもらいに行こう。うん。彼女さんも一緒に」

さらに、

「あ、お義母さんですか？　ケガ大丈夫ですか？　よかったら週末、なにか憑いてないか視てもらいに行きましょうよ。ワタシも一緒に行くので」

続いてオレにも、

「やっぱりまだ除霊しきってないのよ。ワタシの信心が足りないのかもしれないし。一緒に来てよね」

除霊してもらう母親。こうして一家は搦めとられていくのか

日曜日、計5人の乗った車で整体師の家に向かった。

全員で5時間、それぞれが女の霊だの、動物の霊だのが憑いてると言われ、2万円（1人あたり4千円なので）を徴収された。

真由美よ、ちょっと妄信しすぎてやいないかい？　もう止めようよ。

本書は月刊「裏モノＪＡＰＡＮ」の連載
「幽霊物件に住む　豊島マンション２０５号室」（２００９年6月号～２０１０年9月号）
「幽霊物件に住む　春日部コート５０８号室」（２０１０年10月号～２０１１年11月号）
を一冊にまとめたものです。
なお、文庫化にあたり、加筆、修正、再編集を行っています。

おわりに

連載が終了してからも、オレたち一家はしばらくの間（1年半ほど）、春日部コートでの暮らしを続けた。単純に金がないので引っ越せなかったなどといった些末な理由もあるのだが、今思えば、もはやオレらは「オカシなことばかり起こる部屋に住む」ということに麻痺していたのだろう。

今のオレら一家は、春日部コートを後にして、地元の埼玉に戸建を購入し、とりあえずは安定した毎日を過ごしている。

二度の転職を経て「ＭＯＮＯＱＬＯ」というモノ雑誌の編集者になったオレ、主婦として毎日奮闘する妻の真由美、春日部コートで出来た愛の結晶・娘の夏美は小学校3年生になった。義母の昌子も相変わらずだ。犬のレオは糖尿病になり、毎日2回のインスリン注射がマストになったがなんとか生きながらえている。

そして我が家には新しい家族もできた。長男の壱太（2歳）は、わずかな期間だけ春日部コートで暮らしたのだが、特に問題なく（当たり前か）すくすくと成長している。

このようにわざわざ近況を報告したのは、本書を読んでいただいた方なら「あの家族はいまどうなってるんだろう」と気にかけてくれるかもと考えたからだ。

思えば幽霊物件に住んで、そこで起こる現象をリポートするところからスタートした連載、どこで歯車が狂ったのか、図らずも我が家の不幸話を披露する展開になってしまった。なぜそんなことになったのか。色々考えてみても、幽霊はいるのか、いないのかといった不毛な論争が頭の中で繰り広げられるばかり。

ただ一つだけ言えることがあるとすれば、霊の仕業とするかは別にして、あの部屋に住んだ結果、オレら家族は不幸になった、ということだ。どこに住んでいてもこうなっていたのかもしれないし、そうはならなかったのかもしれない。人間、未来はどうなるかわからない。

だけどあの二つの部屋に住んでいたからこそ、オレには家族の嫌な部分、人の心の奥底にある性悪な一面が目についたのだ。それは毎月の連載で原稿に起こすべく四方八方に目を配っていたからであり、やはり心霊物件に住んだからこそ、気づかされたのだ。幽霊なんているかいないか知らないが、幽霊物件に住むと、不幸になる家族は存在するのだ。

と、本来あとがきはここで終了するつもりだったのだが、もう少しだけお付き合いいただけるとありがたい。

このあとがきを書き始めたのは、令和元年6月2日の深夜のこと。筆が乗らぬまま半分終わったあたりでパソコンを切った翌朝、オレは娘の夏美が通う小学校の運動会に向かうべく、真由美が運転する車の、後部座席に乗り込んだ。長男の壱太を抱きながら。

自宅を出発して5分と経たないころだ。オレらの車は時速30キロで片側1車線の道路を走っていた。スピード違反もしていないし、脇見運転もしていない。目の前の信号が青だった為そのまま交差点を通過しようとした。

ところが次の瞬間、突如として左側から軽自動車が現れたのだ。直進するオレらの車の前を横切った、と言えばわかりやすいだろうか。真由美が「ヒッ！」と声にならない声をあげ、車を避けようと慌てて右側にハンドルを切った、そのとき、

ガチャーン！


オレらの車が軽自動車の横側に衝突したのだ。さらに勢いのついたオレらの車は軽自動車を押したまま、民家の壁に激突し、ようやく2台はストップ（270ページ写真参照）。人間、いざというときはどうでもいいことを考えるようで、オレはといえば、衝突して数秒後には、

「運動会の日なのにめんどくせーな」と考えていた。

よりによってこんな日に事故だなんて……。

右が我が家の車。まさかこんなことになるとは…

霊の仕業か!?

落ち着くと、ふと、このあとがきのことを思い出した。まさか、豊島マンションが、春日部コートが、「本を出版するとは何事だ」と怒っているのだろうか。いやそんなことより、真由美、壱太、大丈夫か!?

幸い、双方に大きな怪我はなかった。実は妻の真由美は3人目を妊娠中であるが、なんともなかったということでホッと胸をなでおろした。事故の原因は相手の一方的な信号無視。車の修理代も全額向こう持ちだし、まあいいのだが……。

やっぱり幽霊っているのかな。いやいるわけないだろ。頭のなかの堂々巡りは今も続いている。

２０１９年６月　著者記す

一家心中があった春日部の4DKに家族全員で暮らす

2019年7月16日　第1刷発行

著　者　建部 博
発行人　稲村 貴
編集人　平林和史
発行所　株式会社 鉄人社
〒102-0074 東京都千代田区九段南3-4-5 フタバ九段ビル4F
TEL 03-5214-5971　FAX 03-5214-5972
http://tetsujinsya.co.jp
デザイン　細工場
印刷・製本　株式会社シナノ

ISBN978-4-86537-168-0　C0176